DEUTSCHE AKADEMIE DER WISSENSCHAFTEN ZU BERLIN

VORTRÄGE UND SCHRIFTEN

HEFT 60

STRUKTUR UND ENTWICKLUNG DER WIRTSCHAFT IN WESTDEUTSCHLAND NACH DEM ZWEITEN WELTKRIEG

von

Siegbert Kahn

2. unveränderte Auflage

1957

AKADEMIE-VERLAG · BERLIN

Vortrag gehalten auf der Konferenz
des Instituts für Wirtschaftswissenschaften
bei der Deutschen Akademie der Wissenschaften
vom 26.—29. Januar 1956

Zum Druck genommen für die Vorträge und Schriften von der Klasse für Philosophie, Geschichte, Staats-, Rechts- und Wirtschaftswissenschaften am 16. Februar 1956

Erschienen im Akademie-Verlag GmbH., Berlin W 8, Mohrenstraße 39
Lizenz Nr. 202 • 100/526/57
Offsetdruck: VEB Druckerei „Thomas Müntzer" Bad Langensalza
Bestell- und Verlagsnummer: 2003/60
Preis DM 1,20
Printed in Germany

INHALTSVERZEICHNIS

I. Zwei Wege der Entwicklung in Deutschland nach dem zweiten Weltkrieg

Als im Jahre 1933 der Faschismus in Deutschland an die Macht gelangte, hatten die „reaktionärsten, am meisten chauvinistischen, am meisten imperialistischen Elemente des Finanzkapitals" (DIMITROFF) ihre offene terroristische Diktatur errichtet. Ihr Ziel war nach innen die Zerschlagung der Arbeiterbewegung und nach außen die Neuaufteilung der Welt mit Hilfe eines Krieges, vor allem aber der Überfall auf die sozialistische Sowjetunion, das Bollwerk des Friedens und Fortschritts, des Vorbildes der internationalen Arbeiterbewegung. Es waren die Häupter der Industrie- und Bankmonopole, die Krupp, Thyssen, Kirdorf, Zangen, Flick, Duisberg und Konsorten, die dünne Schicht der Finanzoligarchie selbst, die die Macht unmittelbar in ihre Hände nahmen, um ihr Raubprogramm zu verwirklichen.

Unter unsäglichen Opfern des Sowjetvolkes und der übrigen Völker wurde der faschistische deutsche Imperialismus zusammengeschlagen. Das deutsche Volk mußte die Rechnung für die abenteuerliche und verbrecherische Politik der Finanzoligarchie begleichen.

Der deutsche Imperialismus war im Jahre 1945 als der Hauptschuldige an zwei blutigen Weltkriegen und an der Katastrophe des deutschen Volkes vor aller Welt entlarvt. Die Vernichtung seiner Wurzeln lag im Interesse aller Völker, die sich nach Sicherheit und dauerhaftem Frieden sehnten. Besonders aber erheischten die Interessen des deutschen Volkes die Beseitigung des deutschen Imperialismus.

Für eine solche Entwicklung waren reale Möglichkeiten vorhanden: Der deutsche Imperialismus war vor den Massen des Volkes in hohem Maße kompromittiert, er konnte seine Herrschaft aus eigener Kraft nicht mehr auf die alte Weise fortsetzen. Die faschistische Staatsmacht war bis in ihre untersten Organe zerschlagen. Die in der Anti-Hitler-Koalition vereinigten Völker beschlossen im Potsdamer Abkommen das Programm einer antiimperialistischen und antifaschistischen, demokratischen Politik, das mit den Zielen der fortschrittlichen deutschen Kräfte übereinstimmte. Der von den Erfahrungen der deutschen Arbeiterklasse diktierte

Weg der Zerschlagung des deutschen Imperialismus wurde in Ostdeutschland beschritten, wo auf den Trümmern der faschistischen Herrschaft eine antifaschistisch-demokratische Ordnung errichtet wurde. Durch die demokratische Bodenreform wurde die militaristische Junkerkaste enteignet und ihr Land den Bauern, Landarbeitern und Umsiedlern gegeben. Die industriellen Kriegsverbrecherbetriebe wurden enteignet und in die Hand des Volkes gelegt, ihre Besitzer wurden bestraft.

All das wäre unmöglich gewesen, hätte die Arbeiterklasse nicht die jahrzehntelange Spaltung überwunden und hätten die im antifaschistisch-demokratischen Block geeinten demokratischen Kräfte nicht die Hilfe und Unterstützung der sowjetischen Besatzungsmacht genossen, hätten sie nach der zwölfjährigen Verfolgung und Unterdrückung nicht die Möglichkeiten zu ihrer freien Entfaltung erhalten und wären sie nicht in ihren Bestrebungen, die in der Linie des historischen Fortschritts lagen, in jeder Weise ermutigt worden.

Ganz entgegengesetzt verlief die Entwicklung in Westdeutschland. Die Entmachtung der Kriegsschuldigen und Kriegsspekulanten wurde verhindert, die Großgrundbesitzer und die Beherrscher der Rüstungskonzerne und Bankmonopole wurden vor dem gerechten Schicksal gerettet, das sie erwartete. Die Ursache dafür liegt nicht darin, daß die Menschen in Ostdeutschland sich von denen in Westdeutschland unterscheiden, sondern darin, daß die fortschrittlichen Kräfte im Osten ihre Einheit herstellten und von der sozialistischen Besatzungsmacht gefördert wurden. Im Westen dagegen verhinderten die rechten SPD- und Gewerkschaftsführer die Herstellung der Einheit der Arbeiterklasse und aller demokratischen Kräfte und wurden dabei von den imperialistischen Besatzungsmächten unterstützt. Die fortschrittlichen Kräfte wurden mit Gewalt an ihrer Entfaltung gehindert.

Der amerikanische und englische Imperialismus hatten den zweiten Weltkrieg in der Absicht geführt, den deutschen Imperialismus als Konkurrenten auszuschalten, „die ausländischen Märkte sowie die Weltrohstoffressourcen an sich zu reißen und die Weltherrschaft zu erlangen". [1]) Es war jedoch keineswegs ihre Absicht, die deutschen Monopole zu vernichten, mit denen sie auf das engste verbunden waren. Die amerikanischen Monopole waren – wie ein Amerikaner

---

[1]) J. W. STALIN, Ökonomische Probleme des Sozialismus in der UdSSR, Dietz Verlag, Berlin 1952, S. 31.

es ausdrückte – entschlossen, auf jeden Fall „siegreich für ihre Aktionäre“ aus dem Kriege heimzukommen.

Der frühere Leiter des englischen Außenministeriums, Lord VANSITTARD, schrieb kurz vor Ende des Krieges: „Wir müssen uns ein für allemal aus dem Kopf schlagen, daß die ‚deutsche Einheit‘ von irgendeinem Vorteil für Europa ist. Sie ist im Gegenteil eine gewaltige Katastrophe für uns alle gewesen.“ [1]) Auf Initiative der Sowjetregierung wurde jedoch das Wort „Zerstückelung“ aus der Kapitulationsurkunde entfernt. Auf der Potsdamer Konferenz legte der amerikanische Präsident einen Plan zur Aufspaltung Deutschlands vor, der wiederum an der konsequent auf die Einheit Deutschlands gerichteten Politik der Sowjetunion scheiterte.

Die Beschlüsse der Potsdamer Konferenz waren eine klare Absage an solche Pläne. Sie garantierten die Behandlung Deutschlands als politische und wirtschaftliche Einheit. Sie waren unter dem starken Einfluß der Sowjetunion zustande gekommen, deren internationales Ansehen gewaltig gewachsen war, und wurden von den imperialistischen Mächten unter dem Druck ihrer Völker abgeschlossen.

Die Potsdamer Beschlüsse wurden jedoch nur in dem von der Sowjetarmee besetzten Teil Deutschlands verwirklicht. Nur hier wurde die Einheit der Arbeiterklasse, seit Jahrzehnten eine gebieterische Notwendigkeit, endlich hergestellt. Auf der Grundlage der vollzogenen ökonomischen und politischen Veränderungen reiften für die geeinte Arbeiterklasse die Voraussetzungen heran, um im Bündnis mit den werktätigen Bauern die Grundlagen des Sozialismus zu errichten. Endlich konnte damit begonnen werden, wenigstens in einem Teil Deutschlands die Produktionsverhältnisse dem Charakter der Produktivkräfte anzupassen und somit dem historischen Fortschritt zum Durchbruch zu verhelfen.

Auch in Westdeutschland drängt das Gesetz der unbedingten Übereinstimmung der Produktionsverhältnisse mit dem Charakter der Produktivkräfte seit langem zum Durchbruch. Es konnte sich jedoch bisher gegen den Widerstand der überlebten monopolistischen Kräfte, der von den ausländischen Imperialisten verstärkt wurde, noch nicht durchsetzen.

Die amerikanischen und englischen Imperialisten verhinderten, daß die Potsdamer Beschlüsse verwirklicht wurden. Sie weigerten sich, die in Potsdam beschlossene ökonomische und politische Einheit Deutschlands herzustellen. Indem sie die separate Währungs-

---

[1]) Lord VANSITTARD, „Bones of Contention“, London o. J., S. 57.

reform des Jahres 1948 in Westdeutschland vornahmen, errichteten sie eine Währungsmauer zwischen den beiden Teilen des Landes. Mit der Gründung der westdeutschen Bundesrepublik vertieften sie die Spaltung unserer Heimat, und schließlich war es ihre Absicht, sie dadurch zu einer dauernden zu machen, daß sie Westdeutschland in den aggressiven Atlantikpakt eingliederten. Anstatt die Rüstungsmonopolisten, die sich allesamt der schwersten Kriegsverbrechen schuldig gemacht haben, zu enteignen und zu bestrafen, wurden sie in den ersten Jahren nach dem faschistischen Zusammenbruch mit der Entschuldigung wieder in ihre Positionen eingesetzt, man brauche „tüchtige Fachleute" zum Wiederaufbau. Später bemühten sich die imperialistischen Okkupanten Westdeutschlands nicht einmal mehr, Erklärungen für ihre Handlungsweise abzugeben.

Noch am 7. April 1948 versicherte der damalige britische Militärgouverneur Sir BRIAN ROBERTSON vor dem Landtag von Nordrhein-Westfalen, „die britische Regierung werde es nicht zulassen, daß die deutsche Industrie an ihre früheren Besitzer zurückgehe". Als aber der Landtag von Nordrhein-Westfalen ein entsprechendes Gesetz beschloß, legte der britische General sein Veto dagegen ein. Der Kriegsverbrecher ALFRED KRUPP war im Juli 1948 vom Nürnberger Tribunal wegen industrieller Plünderungen in den zeitweise vom Faschismus besetzten Gebieten im Werte von vielen Millionen Mark, wegen der Beteiligung am faschistischen Sklavenarbeiterprogramm – 5000 Konzentrationslagerhäftlinge, 70 000 verschleppte ausländische Zwangsarbeiter und 23 000 Kriegsgefangene wurden von Krupp unmenschlich ausgebeutet und zu einem großen Teil mißhandelt und zugrunde gerichtet – und wegen anderer Verbrechen zu 12 Jahren Haft und zur Einziehung seines gesamten Vermögens verurteilt. Schon 1951 wurde er aber entlassen und wieder in den Genuß und Besitz seines gesamten Vermögens gesetzt. Der gleiche oder ähnliche Vorgang wiederholte sich bei allen anderen Kriegsverbrechern und Kriegsspekulanten.

So wurden die Kriegsverbrecher vor der Bestrafung gerettet und die monopolistische Struktur der westdeutschen Wirtschaft erhalten. Der westdeutsche Staat wurde zu einem ausschließlichen Machtinstrument der Industrie- und Bankmonopole sowie der Großgrundbesitzer, zu einem Staat der Kriegsverbrecher und Militaristen.

Gleichzeitig wurde mit Drohung und Terror, mit Korruption und Hetzpropaganda die Arbeiterklasse daran gehindert, ihre politische Einheit herzustellen. Mit Hilfe der rechten SPD- und Gewerkschaftsführer gespalten, erwies sich die Arbeiterklasse als zu schwach, eine fortschrittliche Lösung für Westdeutschland zu erzwingen und das Wiedererstehen des Imperialismus und Militarismus zu verhindern.

Besonders im Hinblick auf die beginnende Remilitarisierung wird die wahre Lage in Westdeutschland vollkommen falsch dargestellt. Dutzende von Professoren, an ihrer Spitze der Wirtschaftsminister ERHARD, aber auch die Vertreter der SPD und des DGB sind bestrebt, dem Bonner Staat ein soziales Mäntelchen umzuhängen, seine Monopolherrschaft als eine „soziale" oder „freie Marktwirtschaft" auszugeben. Die von der Neuausstattung der Rüstungsindustrie getragene westdeutsche Wirtschaftsaktivität wird von ihnen als „deutsches Wirtschaftswunder" verherrlicht. Die zyklische Entwicklung der kapitalistischen Wirtschaft wird als überholt, die Möglichkeit einer neuen Wirtschaftskrise in Westdeutschland wurde noch bis vor kurzem als ausgeschlossen bezeichnet.

Im Kampf gegen die monopolistische Apologetik gilt es, mit Hilfe des Marxismus-Leninismus, der einzigen wissenschaftlichen Theorie, die westdeutsche Wirklichkeit zu analysieren und den Tatsachen auf den Grund zu gehen.

II. Die Wiedererrichtung des deutschen Imperialismus

Der Stand der Konzentration

Die neoliberalistischen Tiraden des Bonner Wirtschaftsministers und seiner Jünger über die „Marktwirtschaft", ebenso wie die Erklärungen der SPD über die „freie Konsumwahl", sollen dazu dienen, den werktätigen Massen und dem Kleinbürgertum Sand in die Augen zu streuen und die wirklichen Verhältnisse zu verschleiern. Sie sollen die Illusion von der Existenz des „freien Wettbewerbs", des Kapitalismus der freien Konkurrenz erwecken. ADENAUER sagte in seiner Regierungserklärung vor dem Bundestag am 20. Oktober 1953:

> „Für den Einsatz aller wirtschaftlichen Kräfte muß ein gesunder Wettbewerb gewährleistet sein. Die Freiheit in der sozialen Marktwirtschaft erstreckt sich nach zwei Seiten. Sie bedeutet Freiheit vor der Übermacht des Staates, aber auch Freiheit vor den Gruppeninteressenten."

Das wäre also die „Rückkehr" vom Imperialismus, vom monopolistischen Kapitalismus, zum laissez faire. Es würde überdies den äußeren Anschein einer Erfüllung der Forderung der Potsdamer

Beschlüsse erwecken, die übermäßige Konzentration wirtschaftlicher Macht zu beseitigen. Die Tatsachen reden jedoch eine andere Sprache.

Der Prüfstein für den Charakter und die Struktur der westdeutschen Wirtschaft können nicht demagogische Behauptungen der Apologeten des Kapitalismus, sondern nur eine Untersuchung der Wirklichkeit mit Hilfe einer wissenschaftlichen Theorie sein. LENIN hat uns mit der Lehre vom Imperialismus diese Theorie gegeben. Es gilt also, an Hand der Leninschen Lehre die Struktur der westdeutschen Wirtschaft zu untersuchen.

LENIN bezeichnet den Imperialismus als seinem ökonomischen Wesen nach *monopolistischen* Kapitalismus. Das wichtigste Kriterium der Struktur und der Entwicklung der westdeutschen Wirtschaft ist daher der Grad der Konzentration des Kapitals und der Produktion und die Existenz von Monopolen.

Nach dem faschistischen Zusammenbruch machte sich die Notwendigkeit bemerkbar, die Trusts und Konzerne zu reorganisieren. Diese Notwendigkeit hatte ihre ökonomische und ihre politische Seite. Die ökonomische Seite bestand darin, daß den Verlusten, die die Konzerne auf dem heutigen Gebiet der Deutschen Demokratischen Republik erlitten hatten, Rechnung getragen werden mußte. Das Kräfteverhältnis zwischen den Monopolen hatte sich bedeutend verändert. Der Flick-Konzern, der Chemie-Trust IG Farben, der Solvay- und der Wintershall-Konzern und viele andere hatten einen großen Teil ihrer Grundlagen verloren. Aus diesen und anderen Veränderungen mußten Konsequenzen gezogen werden.

Politisch war es für die Konzernherren in den ersten Jahren nach Kriegsende ratsam, eine Zeitlang im Hintergrund zu bleiben und entsprechend den Absichten der Westmächte, besonders der amerikanischen Okkupanten, den Anschein zu erwecken, als würde wirklich eine Dekonzentration des Wirtschaftslebens vollzogen.

Entsprechend diesen Erfordernissen wurde der Kohlenbergbau unter die Kontrolle der Besatzungsbehörden gestellt, die Eisen- und Stahlindustrie „entflochten" und der IG-Farben-Trust der „Liquidation" unterworfen. Die Monopolbanken stellten ihre Tätigkeit vorläufig ein. Alle diese Maßnahmen trugen jedoch provisorischen Charakter, und was das wichtigste war, sie tasteten die Besitzrechte der alten Eigentümer, der Kriegsverbrecher und Kriegsgewinnler nicht an. Die anderen wichtigen Monopole, wie zum Beispiel der Siemens-Konzern und die AEG in der Elektroindustrie, die Volkswagenwerke, Opel, Daimler-Benz, Ford und andere im Fahrzeugbau und all die anderen großen Konzerne im Maschinenbau, der Erdölindustrie, der Energiewirtschaft usw. blieben selbst von den zeitweiligen Maßnahmen unberührt.

Der Reorganisationsprozeß der Monopole wurde auf verschiedenen Wegen, aber überall mit dem im wesentlichen gleichen Resultat vollendet, nämlich mit der Wiederherstellung der alten monopolistischen Machtgebilde.

Die Hüttenkonzerne wurden nach ihrer zeitweisen „Entflechtung" unter Berücksichtigung der veränderten Kräfteverhältnisse wieder verflochten. Das Eigenkapital der sechs wichtigsten Hüttenkonzerne aber hat sich gegenüber 1938 auf fast das Viereinhalbfache erhöht, nämlich von 1,6 auf 6,9 Milliarden Mark. Ihre alte vertikale Struktur, die „Verbundwirtschaft" von Kohle und Stahl wurde wieder hergestellt. Die IG Farben AG wurde in drei große „Nachfolgegesellschaften" aufgegliedert, die über eine beträchtliche Zahl von Tochtergesellschaften verfügen und auch untereinander eng verbunden sind. Sie haben heute ein Aktienkapital, das mit fast 2 Milliarden Mark trotz der großen Verluste des Trusts erheblich größer ist als mit 1,4 Milliarden vor dem Kriege. Hinzu kommen jedoch noch Rücklagen und Rückstellungen, die die Summe von 1 Milliarde weit überschreiten.

Die Monopolbanken Deutsche Bank, Dresdner Bank und Commerzbank wurden in je drei regionale „Nachfolgeinstitute" aufgegliedert, die untereinander jeweils einen „Gewinnpool" errichtet haben und heute wieder kurz vor ihrem äußeren organisatorischen Zusammenschluß stehen.

Die alten Monopole sind also, wenn auch in teilweise veränderter Form, wiedererrichtet worden. Aber untereinander sind diese Monopole enger verbunden als jemals vorher. Die „Nachfolger" der IG Farben haben einen maßgeblichen Einfluß auf die Schwerindustrie über die Rheinischen Stahlwerke AG. Sie haben überdies mit der zum Haniel-Konzern gehörigen Rheinpreußen AG für Bergbau und Chemie einen Vertrag geschlossen, demzufolge sie die gesamte pharmazeutische Erzeugung der Rheinpreußen übernehmen. Der Flick-Konzern hat sich durch die Erwerbung eines Aktienpakets der Daimler-Benz AG einen maßgeblichen Einfluß auf dieses Großunternehmen gesichert usw.

Einen guten Gesamtüberblick über den fortschreitenden Grad der Konzentration bietet die Statistik der Aktiengesellschaften, nach Kapitalgrößenklassen gegliedert, wie sie vom Deutschen Wirtschaftsinstitut berechnet wurde. Danach verfügten die Gesellschaften mit mehr als 50 Millionen Mark Aktienkapital im Jahre 1938 über einen Anteil von 37 % am gesamten deutschen Aktienkapital, nämlich 6,96 Milliarden von insgesamt 18,7 Milliarden Mark. Mitte 1954 aber verfügten sie über 56 %, nämlich über 12,46 Milliarden von insgesamt 22,2 Milliarden Mark. Nimmt man nur die Gesellschaften mit mehr als 100 Millionen Mark Aktienkapital, so erhöhte sich ihr Anteil in der gleichen Zeit von 25 % auf 39 % des gesamten westdeutschen Aktienkapitals.

Die Statistik sagt aber nur etwas aus über juristisch selbständige Gesellschaften, ohne ihre Besitzverhältnisse zu berücksichtigen. Untersucht man einmal die 41 größten Gesellschaften mit mehr als 100 Millionen Mark Kapital im Hinblick auf ihre Besitzverhältnisse und ihre Tochter- und Beteiligungsgesellschaften, so ergeben sich folgende Tatsachen:

1. Diese 41 Gesellschaften sind nur formaljuristisch selbständig. In Wirklichkeit stellen sie den Kern von nur 14 einheitlichen Machtgruppen dar, die auf vielfältige Weise auch untereinander verbunden sind.

2. Das Aktienkapital dieser 14 Machtgruppen, d. h. der 41 großen Aktiengesellschaften nebst ihren Tochter- und Beteiligungsgesellschaften beträgt 14,7 Milliarden Mark und beläuft sich somit auf 66,3 %, also fast zwei Drittel des gesamten westdeutschen Aktienkapitals.

Die Zahlen und Tatsachen zeigen eindrucksvoll, in welchem Maße die Monopolisierung in Westdeutschland fortgeschritten ist, allerdings nur insoweit, wie sie statistisch erfaßbar ist. Beachtenswert ist aber auch jener Teil, dem mit keiner Statistik beizukommen ist, nämlich die Bildung von Kartellen und Syndikaten.

Formell sind Kartelle und Syndikate in Westdeutschland immer noch verboten. „Bis ein Bundesgesetz gegen Wettbewerbsbeschränkungen in Kraft tritt", so heißt es in den Pariser Verträgen, bleiben die entsprechenden Gesetze und Verordnungen der Militärregierungen in Kraft. Seit Jahren zieht sich jetzt bereits die „Kartelldiskussion" in Westdeutschland hin, ohne daß eine für alle Fraktionen der Bourgeoisie annehmbare Lösung erreicht worden wäre. Ein „Kartellverbotsgesetz" wird natürlich – wie die amerikanischen Anti-Trust-Gesetze – in erster Linie zur Täuschung der Massen gebraucht; es ist eines der Hauptbeweisstücke für die angebliche Existenz einer „freien Marktwirtschaft". Die Entstehung und Festigung einer Unzahl von Kartellen ist aber durch all das bisher nicht beeinträchtigt worden.

Wie der damalige Wirtschaftsminister von Nordrhein-Westfalen, der inzwischen verstorbene Professor ERIK NÖLTING schon im

Jahre 1950 feststellte, wurde

„... die westdeutsche Wirtschaft mit einem Spinnwebennetz unstatthafter Preisabreden überzogen, und illegale Kartelle wucherten wie in einem Treibhaus... Besonders schwerwiegend seien die Boykottabreden gegen Firmen, die solche illegalen Preisverpflichtungen nicht mitmachten oder sich nicht dem Zwang eines Fachverbandes beugen wollten." [1])

Zwei Jahre später stellte die Stuttgarter Deutsche Zeitung und Wirtschaftszeitung fest:

„Zahlreiche Kartelle sind seit Jahren wieder an der Arbeit. Es sind längst... Formen der marktverbindlichen Absprache entwickelt worden, die anscheinend ganz gut funktionieren, wenn den Beteiligten auch die letzte Verpflichtung fehlt, was in Stockungsperioden fühlbar sein mag. Selbst internationale Kartellabreden gibt es auf der Grundlage mündlicher Verabredungen." [2])

Seitdem haben sich die verschiedenen Formen der Kartellabsprachen bedeutend vermehrt und verstärkt. Es gibt heute keine „Wirtschaftsvereinigung" von Bedeutung mehr, die nicht auch solche Vereinbarungen zum Inhalt hätte, angefangen bei der Wirtschaftsvereinigung der Eisen- und Stahlindustrie, des Kohlenbergbaus, der Chemieindustrie bis weit hinein in die weniger monopolisierten Industrien. Heute sind die „Frühstückskartelle", die völlig formlos zustande kamen, nur noch in seltenen Fällen erforderlich. Selbst der Londoner Economist stellte am 10. September vorigen Jahres lakonisch fest: „Deutschland ist wieder ein Land der Preis-Abmachungen geworden."

Daß die Kartellbildung auch heute nicht kampflos, sondern im Gegenteil als Ergebnis eines rücksichtslosen Kampfes vonstatten geht, dafür nur zwei Beispiele:

Das Seifen-Kartell, das vor einigen Jahren mit offizieller Genehmigung gebildet wurde, konnte solche Außenseiter wie die Sunlicht Gesellschaft AG, die zum Unilever-Konzern gehört, nicht zum Beitritt zwingen. Die Sunlicht eröffnete einen mörderischen Preiskampf gegen die Kartellmitglieder mit dem Ergebnis, daß das Kartell vor einigen Monaten zusammengebrochen ist.

Das zweite Beispiel ist das Mühlen-Kartell, das seit langer Zeit beantragt, vor einigen Monaten genehmigt wurde. Ziel des Kartells

---

[1]) Frankfurter Rundschau Nr. 57 vom 8. März 1950.

[2]) Deutsche Zeitung und Wirtschaftszeitung, Stuttgart, Nr. 46 vom 7. Juni 1952.

ist es, die angebliche Überkapazität der Mühlenindustrie durch die Verschrottung einer Anzahl kleiner Mühlen zu beenden und die Mehlpreise zu erhöhen, d. h. buchstäblich das Brot der Werktätigen zu verteuern. Einer der Großmühlenbesitzer, CLEMENS AUER, lehnte den Beitritt zum Mühlen-Kartell ab und stellte es damit überhaupt in Frage. Ein Besuch von PFERDMENGES persönlich, bei dem dieser dem AUER die Schwierigkeit seiner Lage bewußt machte, falls ihm die Banken den Kredit sperren würden, überzeugte AUER schließlich von der Notwendigkeit, dem Kartell beizutreten. Mit dem Hinweis auf Pferdmenges erklärte er:

> „Unter dem Eindruck dieser hochgeachteten Persönlichkeit habe ich dann nachgegeben."

Alle Tatsachen, die über das äußerst diskret behandelte Kartellwesen zutage kommen, bestätigen die Feststellung, daß die Monopolisierung in Westdeutschland rapide Fortschritte macht. Von „freier Marktwirtschaft", von „ungehemmtem Leistungswettbewerb" ist nichts zu entdecken. Die Monopole herrschen unbeschränkt. Das bedeutet natürlich nicht, daß der Konkurrenzkampf beseitigt ist. Im Gegenteil, je weiter die Monopole ihre Herrschaft ausdehnen, desto erbitterter wird der Kampf zwischen ihnen, der letzten Endes auf dem Rücken der Werktätigen ausgetragen wird.

Die Rolle der Bankmonopole und die Finanzoligarchie

Die drei Monopolbanken – Deutsche Bank, Dresdner Bank, Commerzbank – sind nicht nur, wie wir bereits sahen, faktisch wiederhergestellt, sondern der Prozeß der Zentralisation des Kapitals bei ihnen ist in schnellem Tempo fortgeschritten.

Die Bilanzsummen der drei Banken in ganz Deutschland beliefen sich im Jahre 1938 auf 8,1 Milliarden Mark. Ende Oktober 1955 war ihre Bilanzsumme in Westdeutschland allein auf 14,9 Milliarden angewachsen. An den Einlagen der Kreditbanken hatten die Monopolbanken 1938 einen Anteil von 43 %, Ende Oktober 1955 aber von mehr als 57 %.

Der Anteil der Monopolbanken am Kreditgeschäft hat ebenfalls beträchtlich zugenommen. Er betrug Ende 1938 rund 45 %, 1955 aber schon 51 %. Der Bankkredit wird also in immer wachsendem Umfang von den drei Monopolbanken beherrscht.

Der Anteil der Monopolbanken am Emissionsgeschäft ist statistisch nicht erfaßbar. Bemerkenswert ist jedoch die Entwicklung der Emissionen insgesamt. Im Jahre 1938 wurden in ganz Deutschland 929 Millionen Mark Aktien und private langfristige Schuldverschreibungen emittiert, im Jahre 1955 in Westdeutschland allein rund 1,8 Milliarden. Ende 1955 belief sich die Emission von privaten und öffentlichen langfristigen Schuldverschreibungen und neuen Aktien seit 1948 insgesamt auf rund 19 Milliarden Mark.

Diese Zahlen geben ein anschauliches Bild von der gewaltigen Macht der Monopolbanken, die heute in Westdeutschland sichtlich stärker ist als vor dem Kriege. Die Monopolbanken dringen in jede Pore des wirtschaftlichen Lebens ein und ziehen ihre Gewinne auch aus den unscheinbarsten Transaktionen, die an irgendeiner Stelle vor sich gehen.

Aus dem Ansteigen der Kredite der Banken und der Einlagen der übrigen Wirtschaft bei ihnen ergibt sich die unlösbare Verfilzung zwischen Industrie- und Bankkapital, die Entstehung des Finanzkapitals, auf die LENIN hingewiesen hat. Aus dieser Verfilzung entwickelt sich auch die „Personalunion der Banken mit den Industrie- und Handelsunternehmen, eine Verschmelzung der beiden durch Aktienbesitz, durch Eintritt der Bankdirektoren in den Aufsichtsrat (oder Verwaltung) der Handels- und Industrieunternehmen und umgekehrt." [1]

Die etwa 150 Vorstands-, Aufsichtsrats- und Direktionsmitglieder der drei Monopolbanken halten insgesamt rund 1500 Kontrollfunktionen in Vorständen und Aufsichtsräten von insgesamt 850 Aktiengesellschaften besetzt, die ein Aktienkapital von 15 Milliarden Mark haben. Mit ihren Tochter- und Beteiligungsgesellschaften und ihren sonstigen Einflüssen dürften sie 80 bis 90 % des gesamten westdeutschen Aktienkapitals repräsentieren. Hier, in den 150 führenden Männern, die in den Monopolbanken zusammenkommen, haben wir im wesentlichen die Finanzoligarchie, jene 150 Multimillionäre, die das gesamte wirtschaftliche, aber auch politische Leben Westdeutschlands bestimmen.

Der westdeutsche Kapitalexport

Ein weiteres entscheidendes Attribut des monopolistischen Kapitalismus, des Imperialismus, ist der Kapitalexport, aus dem Höchstprofite erzielt werden. Auch die deutschen Monopole haben den Kapitalexport in großem Umfang wieder aufgenommen.

In Westdeutschland wären natürlich viele zusätzliche Anlagemöglichkeiten für Kapital vorhanden. Die westdeutsche Wirtschafts-

---

[1]) W. I. LENIN, Der Imperialismus als höchstes Stadium des Kapitalismus, Dietz Verlag, Berlin 1951, S. 45.

presse spricht sogar sehr häufig von dem angeblich existierenden Kapitalmangel, und bis vor einigen Jahren war Westdeutschland dadurch, daß es in den Marshallplan einbezogen wurde, einige Jahre lang ein wichtiger Anlageplatz für ausländisches, besonders amerikanisches Kapital.

Die Kapitalanlage im Ausland, der Kapitalexport, bietet aber dem deutschen Monopolkapital teilweise bedeutend höhere Profite als inländische Kapitalanlagen. Die Verbrauchsgüterindustrien z. B. sind hinsichtlich ihres Anlagekapitals weit hinter den Rüstungsindustrien zurückgeblieben. In diesen Industrien sind aber die Profitaussichten für neues Kapital relativ gering. Die Landwirtschaft bleibt unter anderem mangels genügenden Anlagekapitals in ihrer Produktivität weit hinter der Industrie zurück. Auch hier sind keine Höchstprofite für das Monopolkapital zu erwarten. Und schließlich gäbe es vielfältige Möglichkeiten der Hebung des materiellen und kulturellen Niveaus der ganzen Bevölkerung, für die Kapital erforderlich wäre. Aber „solange der Kapitalismus Kapitalismus bleibt", sagt LENIN, „wird der Kapitalüberschuß nicht zur Hebung der Lebenshaltung der Massen" verwendet, „denn das würde eine Verminderung der Profite der Kapitalisten bedeuten, sondern zur Steigerung der Profite durch Kapitalexport ins Ausland, in rückständige Länder." [1])

Nach der Niederlage des deutschen Imperialismus im zweiten Weltkrieg wurden die Auslandsanlagen der deutschen Monopole zunächst beschlagnahmt und die Kapitalausfuhr verboten. Mit dem Wiedererstarken der westdeutschen Monopole und ihrem Vordringen auf dem kapitalistischen Weltmarkt, mit der schnell wachsenden Kapitalakkumulation wuchs auch ihr Streben, sich ihre alten Auslandsanlagen wieder anzueignen und erneut die Kapitalausfuhr aufzunehmen.

In den Jahren 1949 bis 1951 wurde der Kapitalexport mit Hilfe ungesetzlicher Manipulationen bewerkstelligt. Er wurde noch gefördert durch die Unsicherheit der Verhältnisse in Westdeutschland, die viele Unternehmungen veranlaßten, bedeutende Kapitalmengen aus Sicherheitsgründen illegal im Ausland anzulegen. Seit 1952 ist der Kapitalexport zur Errichtung von Auslandsniederlassungen und für Kapitalbeteiligungen auch offiziell genehmigt. Auf diesem Wege flossen bis Ende 1955 insgesamt etwa 825 Millionen Mark ins Ausland. Das ist jedoch der einzige Teil des Kapitalexports der westdeutschen Monopole, der statistisch meßbar ist. Ein viel größerer

---

[1]) Ebenda, S. 68.

Teil fließt auf dem Wege der sogenannten „Exportfinanzierung" ab. Exportkredite mit einer Laufzeit von acht, zehn und zwölf Jahren gehören heute in Westdeutschland keineswegs mehr zu den Seltenheiten, und ein beträchtlicher Teil dieser „Exportkredite" stellt in Wirklichkeit exportiertes Kapital dar. Mit dem Kapitalexport zur Gründung von Bankfilialen, Tochtergesellschaften und Zweigniederlassungen im Ausland wird der Warenexport der Monopole gefördert. Umgekehrt wird der Warenexport mit Hilfe der langfristigen Kreditgewährung zu einem Mittel der Kapitalausfuhr.

Heute gibt es kaum ein wichtigeres überseeisches Land, sei es in Lateinamerika, sei es im Nahen, Mittleren oder Fernen Osten sowie in Afrika, in dem nach dem zweiten Weltkrieg kein westdeutsches Kapital neu angelegt wurde. Und es gibt kein wichtiges westdeutsches Unternehmen, das nicht Auslandsvertretungen, Filialen, Zweigwerke oder Tochtergesellschaften errichtet hat, an ausländischen Unternehmen beteiligt oder mit der Ausführung größerer Projekte in anderen Ländern beschäftigt ist.

Durch die Verschleppung des von den Werktätigen geschaffenen Kapitals nehmen die westdeutschen Monopole wieder aktiv an der Versklavung und Ausplünderung anderer Länder teil und mischen sich in ihre wichtigsten politischen Fragen ein, wie die Ereignisse in Argentinien gezeigt haben, wo sich herausstellte, daß ihre Filialen und Tochtergesellschaften zu den eifrigsten Förderern der Diktatur Perón gehörten. Im Kampf um neue Anlageplätze für den Kapitalexport geraten sie in zunehmend schärfere Widersprüche zu den anderen imperialistischen Mächten.

Westdeutsche Monopole in internationalen Monopolistenverbänden

Die Aufteilung des Weltmarktes durch internationale Monopolistenverbände spielte vor dem zweiten Weltkrieg eine hervorragende Rolle, und die deutschen Monopole waren an dieser Aufteilung führend beteiligt. Organisationen wie das Internationale Rohstahl-Kartell hatten eine große Bedeutung im internationalen Wirtschaftsleben. Von noch größerem Einfluß aber waren die geheimen Vereinbarungen zwischen einzelnen Monopolen über Markt- und Preisfragen sowie über Patente, Lizenzen usw. Dazu gehörten z. B. die Abmachungen zwischen der IG Farben und der Standard Oil über synthetisches Benzin, synthetischen Kautschuk und einen Patentpool zwischen den beiden Trusts; die Vereinbarungen zwischen Krupp und der amerikanischen General Electric über Wolfram-Karbid-Spezialstähle; das Abkommen zwischen Röhm & Haas,

Darmstadt, und dem amerikanischen Chemietrust Du Pont de Nemours über Plexiglas; die Abmachungen zwischen der Rheinisch-Westfälischen Sprengstoff AG und dem amerikanischen Rüstungstrust Remington Arms über Spezialmunition und viele andere ähnliche Verträge. Der größte Teil dieser Verträge wurde auch während des Krieges und sogar nach dem Kriegseintritt der USA aufrechterhalten. Als der Krieg endete, entsandten die amerikanischen Monopole ihre Beauftragten in die leitenden Funktionen der Besatzungsbehörden, um ihre deutschen Partner unter ihre Fittiche zu nehmen. Das charakteristische Beispiel ist das des „Generals" DRAPER, der in seinem Zivilberuf Vizepräsident einer der größten Investitionsbanken der Wallstreet ist, des Hauses Dillon, Read & Co., das nach dem ersten Weltkrieg Milliardenanleihen für die deutsche Schwerindustrie organisiert hatte.

Die Vertreter der General Motors, der amerikanischen Fordwerke, der General Electric usw. nahmen wieder Besitz von ihren in Westdeutschland gelegenen Tochter- und Beteiligungsgesellschaften, der Adam Opel AG, den Fordwerken AG, und vielen anderen Betrieben.

Sehr schnell wurden wieder neue Patent- und Lizenzverträge abgeschlossen, z, B. zwischen der IG Farben und Du Pont de Nemours; zwischen Conti-Gummi und der Goodyear Tire and Rubber; zwischen Phoenix-Gummi, Harburg und der Firestone Tire and Rubber; zwischen den Henschel-Werken in Kassel und der General Motors usw.

Die Phrix-Werke AG, die IG Farben und die Vereinigten Glanzstoff-Fabriken haben von Du Pont de Nemours Lizenzen für die Herstellung von Nylon erhalten und gemeinsame Marktabsprachen abgeschlossen. Die IG Farben und Glanzstoff haben von der britischen ICI (Imperial Chemical Industries) die ausschließliche Lizenz zur Herstellung von Terylene erhalten. Die IG Farben hat ihren alten Partner, der Monsanto Chemical Comp., die Patente und Lizenzen zur Herstellung von Isocyanaten erteilt und beide haben eine Gemeinschaftsfirma, die Mobay Chemical Comp. in den Vereinigten Staaten gegründet. All das sind nur wenige Beispiele dafür, daß die alten Monopolverbindungen auf der internationalen Ebene vollkommen wiederhergestellt sind.

Auch die internationalen Kartelle alten Stils erfreuen sich wieder der aktiven Teilnahme der westdeutschen Monopole. Auch hier nur einige Beispiele:

Die Internationale Vereinigung der Hersteller von Superphosphat
Die Internationale Seiden-Vereinigung
Das Gemeinsame Büro der Schrottverbraucher
Das internationale Zentrum für chemische Düngemittel
Die Internationale Vereinigung der Seifenfabriken
Das Internationale Glühlampen-Kartell
Das Internationale Titan-Kartell
Die Internationalen Schiffahrts-Konferenzen
Die Internationale Vereinigung für Lufttransport usw.

Die Liste ließe sich natürlich bedeutend verlängern. Sie zeigt, in welchem Ausmaß die westdeutschen Monopole schon wieder an der ökonomischen Aufteilung der kapitalistischen Welt beteiligt sind.

Die Montanunion

Die wichtigste internationale Monopolistenvereinigung, die nach dem zweiten Weltkrieg entstanden ist, ist ohne Zweifel die Montanunion. Sie wurde ursprünglich nur als „erster Schritt auf dem Wege der europäischen Integration" gegründet. Eine ganze Reihe weiterer Zusammenschlüsse sollte ihr folgen. War aber schon die Montanunion nur unter großen Schwierigkeiten und starkem amerikanischen Druck zustande gekommen, so verhinderten die wachsenden imperialistischen Gegensätze bisher weitere Zusammenschlüsse.

Die Montanunion faßt die gesamte westeuropäische Kohlenförderung und Eisen- und Stahlerzeugung außer der englischen zusammen. Sie ist ein unerläßlicher Bestandteil des aggressiven amerikanischen Nato-Pakt-Systems, für das sie eine einheitliche Rüstungsbasis bilden soll.

Die westdeutschen Rüstungskonzerne spielen in der Montanunion die ausschlaggebende Rolle. In der Kohlenförderung beträgt ihr Anteil mit rund 53 % mehr als die Hälfte, in der Rohstahlerzeugung mit 40 % zwei Fünftel der gesamten Erzeugung der Länder der Montanunion. Der französische Anteil dagegen beträgt nur 22 bzw. 24 %. Der Kampf zwischen dem deutschen und dem französischen Imperialismus um das Saargebiet wird gerade deshalb mit aller Schärfe geführt, weil seine Kohlenförderung und Stahlerzeugung die französische Position in der Montanunion gegenüber der deutschen beträchtlich stärken würde, während der deutsche Imperialismus mit Hilfe des Saargebiets den absolut beherrschenden Anteil zu erreichen hofft. Der westdeutsche Anteil würde mit dem Saargebiet bei der Kohlenförderung auf rund 60 % und bei der Stahlerzeugung auf mehr als 46 % steigen.

Die Stärke der westdeutschen Position in der Montanunion kommt in der Besetzung wichtiger Funktionen zum Ausdruck. Von den neun Mitgliedern der „Hohen Behörde" sind zwei deutsche, der Vizepräsident FRANZ ETZEL, ehemaliger Syndikus Thyssens, ist der wichtigste Mann der Montanunion. Einige der führenden Abteilungsleiter sind ebenfalls Vertreter der westdeutschen Monopole.

Der zweite westdeutsche Vertreter in der „Hohen Behörde" ist das SPD-Mitglied HEINZ POTTHOFF. Außer ihm haben sich viele andere rechte SPD- und Gewerkschaftsführer mit hochbezahlten Posten in den Organen der Montanunion korrumpieren lassen. Rund zwanzig von ihnen sind entweder als Mitglieder der „Gemeinsamen Versammlung" oder des „Beratenden Ausschusses" sowie als Abteilungsleiter und Sachverständige in der Montanunion tätig.

Die Montanunion besitzt eine Reihe von Eigenschaften, die ihre Bedeutung weit über die früherer und anderer internationaler Monopolorganisationen hinausgehen lassen. Sie ist kein einfaches Kartellabkommen über Preise und Marktaufteilung, sondern hebt den Zollschutz zwischen den beteiligten Ländern vollkommen auf und regelt den gesamten Außenhandel mit Kohle und Stahl zwischen den Mitgliedsländern und Außenstehenden. Sie entscheidet über die in den angeschlossenen Ländern vorzunehmenden Investitionen. Die Kohlen- und Stahlindustrie ist jeder Entscheidung und damit der Souveränität der angeschlossenen Länder entzogen und einem internationalen Monopolistengremium, der „Hohen Behörde" unterstellt. Die Übernahme der Souveränitätsrechte über die Montanindustrie durch die Montanunion kommt darin zum Ausdruck, daß die Montanunion das Recht erhält, von den angeschlossenen Unternehmen Steuern zu erheben.

So weitgehende Funktionen hat bisher noch kein anderes internationales Kartell besessen. Zum erstenmal ordnet sich ein internationales Monopolistenorgan einheitlich die Staatsapparate der angeschlossenen Länder unter. Mit der Montanunion wird der staatsmonopolistische Kapitalismus auf internationaler Ebene verwirklicht. Um diese Tatsache noch besonders zu betonen, genießen die Vertretungen der Montanunion und ihre führenden Repräsentanten in den angeschlossenen Ländern alle Rechte der diplomatischen Immunität. Die Montanunion ist in der Tat der letzte Schrei, sie ist eine qualitativ völlig neue Erscheinung auf dem Gebiet der internationalen Monopolistenverbände.

Der Stand der westdeutschen Industrieproduktion

Das Wiedererstehen des deutschen Imperialismus war von einem raschen Anstieg der wirtschaftlichen Aktivität in Westdeutschland begleitet. War die Industrieproduktion im Jahre 1946 auf ein Drittel des Jahres 1936 zusammengeschrumpft, so war sie 1948 auf immerhin 60 % erhöht worden. Schon 1950 wurde der Stand von 1936 um 13 % überschritten. Im Durchschnitt des Jahres 1955 dürfte sich die gesamte Industrieproduktion im Vergleich zu 1936 etwas mehr als verdoppelt haben.

Hier sind jedoch zwei Einschränkungen zu machen:

Erstens war die Bevölkerung Westdeutschlands im Jahre 1955 um rund 31 % größer als im Jahre 1936. Auf den Kopf der Bevölkerung berechnet, erhöhte sich die Industrieproduktion also nur um etwa 53 %.

Zweitens ist die Erhöhung der Industrieproduktion äußerst ungleichmäßig erfolgt. Sie lag bei den Investitionsgüterindustrien um fast 160 % über dem Stand von 1936, bei den Verbrauchsgüterindustrien jedoch nur um etwas mehr als 80 %. Betrachtet man aber die tatsächlich ausschlaggebenden Verbrauchsgüterindustrien, nämlich die Ledererzeugung, die Schuhindustrie und die Textilindustrie für sich, so ergibt sich nur eine Erhöhung um rund 44 % über den Stand von 1936. Auf den Kopf der Bevölkerung wird von diesen Industrien im Durchschnitt nur um 10 % mehr erzeugt als 1936. Die Lederindustrie erzeugte 1955 je Kopf der Bevölkerung nur 61 % von 1936, die Schuhindustrie nur 81 %, und nur die Textilindustrie überstieg die Produktion von 1936 je Kopf um 20 %.

In den wichtigsten Grundstoffindustrien ergibt sich eine Erhöhung gegenüber 1936 bei der Erdölförderung auf 700 %, bei der Mineralölerzeugung auf 370 % und bei der Chemieindustrie auf rund 240 %. In den Investitionsgüterindustrien erhöhte sich die Erzeugung der elektrotechnischen Industrie auf 470 Prozent, im Fahrzeugbau auf 345 % und im Maschinenbau auf 250 % von 1936.

Die Industrieproduktion ist in Westdeutschland schneller gestiegen als in den wichtigsten kapitalistischen Ländern. Selbst im Vergleich zu 1929 war der Anstieg der Industrieproduktion Westdeutschlands höher als der Englands und Frankreichs und wurde nur wenig von der Erhöhung der amerikanischen Erzeugung übertroffen. Auf der Basis des Jahres 1929 betrug der Produktionsindex im 1. Halbjahr 1955 ungefähr in den USA 225, in Westdeutschland 216, in Großbritannien 194 und in Frankreich 138.

Wodurch war es dem deutschen Imperialismus möglich, die gewaltigen Verluste, die er im Verlaufe des zweiten Weltkrieges erlitten hatte, wieder wettzumachen und erneut den größten Teil seiner Konkurrenten relativ zu überholen?

Die Haupttriebkraft des Anstiegs der westdeutschen Industrieproduktion waren die überaus großen Investitionen, die völlige Erneuerung des fixen Kapitals einer Reihe von Industrien. Auch in der Gegenwart war die Anwendung modernster technischer Methoden und Prozesse der wichigste Faktor der ungleichmäßigen Entwicklung in den einzelnen kapitalistischen Ländern.

Hier gilt es, einige Unklarheiten zu beseitigen, die es meiner Ansicht nach bei uns gibt.

Von sowjetischer Seite ist mit Recht darauf hingewiesen worden, daß es unter den marxistischen Ökonomen Erscheinungen eines starren Dogmatismus bei der Einschätzung der Entwicklung der Technik im Kapitalismus gibt. Die Fäulnis- und Verfallserscheinungen des Kapitalismus bedeuten keineswegs, daß der Kapitalismus nicht mehr in der Lage wäre, die Technik weiterzuentwickeln, eine neue Technik anzuwenden. Die Erfahrungen zeigen, daß in der Industrie der kapitalistischen Länder, und ganz besonders auch Westdeutschlands, die Technik in den letzten Jahren bedeutend weiterentwickelt wurde.

Wir dürfen aber andererseits keineswegs in den Fehler verfallen, die Entwicklung der Technik im Kapitalismus ganz allgemein festzustellen. Es gilt genau zu untersuchen, welche Technik sich entwickelt, in welchen Industrien neue technische Prozesse angewendet werden. Ein grober Überblick zeigt bereits, daß sich vor allem die Technik in den Industrien schnell entwickelt hat, die wegen ihrer Verwendung für Rüstungszwecke und für die Exportoffensive besonders hohe Profite erwarten lassen. In den Verbrauchsgüterindustrien, die für Rüstung und Export eine geringe Bedeutung haben, ist, von einigen Ausnahmen abgesehen, in der Tat keine grundlegende Weiterentwicklung der Technik festzustellen.

Jede andere Betrachtung, jede unterschiedslose Anbetung der angeblichen technischen Entwicklung im Kapitalismus schlechthin steht im Widerspruch zur Wirklichkeit und zum ökonomischen Grundgesetz des monopolistischen Kapitalismus sowie zu der nach wie vor gültigen Feststellung STALINS:

> „Der Kapitalismus ist für neue Technik, wenn sie ihm Höchstprofite verheißt. Der Kapitalismus ist gegen die neue Technik und für den Übergang zur Handarbeit, wenn ihm die neue Technik nicht mehr Höchstprofite verheißt."

Dieser Feststellung entspricht auch die Lage in Westdeutschland. In der Textilindustrie z. B. ist sehr wenig von neuer Technik zu spüren. In der Bekleidungsindustrie gehen Großbetriebe von der Anwendung des Fließbandes zurück zur Gruppenarbeit der Manufaktur, weil sie es erlaubt, das Arbeitstempo noch schneller zu erhöhen als mit Hilfe des Fließbandes und daher höhere Profite verspricht.

Die schnelle Entwicklung der westdeutschen Wirtschaft in den letzten 6 bis 8 Jahren ergibt sich aus den Besonderheiten der erweiterten kapitalistischen Reproduktion in Westdeutschland.

Am Ende des Krieges bestand ein krasses Mißverhältnis zwischen dem vorhandenen konstanten Kapital und der zur Verfügung stehenden Arbeitskraft. Das konstante Kapital war beträchtlich vermindert durch die Zerstörungen, die der Krieg angerichtet hatte, durch Teildemontagen und durch die völlige Vernachlässigung der Ersatzinvestitionen und Instandsetzungsarbeiten während des Krieges. Die Bevölkerungszahl aber war nicht geringer, sondern durch die Zuwanderung von Umsiedlern und anderen beträchtlich erhöht.

Aus dieser besonderen Lage ergab sich die Möglichkeit außerordentlich hoher Investitionen, die bekanntlich für die zyklische Entwicklung von ausschlaggebender Bedeutung sind. Die gesamten Brutto-Anlageinvestitionen ohne die Besatzungsinvestitionen überstiegen in den sechs Jahren von 1950 bis 1955 die Summe von 150 Milliarden Mark. Im Jahre 1953 hatten die Brutto-Anlageinvestitionen folgenden Anteil an dem sogenannten „Brutto-Sozialprodukt zu Marktpreisen" (dessen unwissenschaftliche Berechnung stört hier nicht, weil es sich nur um den Vergleich relativer Zahlen handelt): in Frankreich 13,8 %; in Großbritannien 13,9 %; in den USA 13,7 %, in Westdeutschland aber 20,6 %. Das Jahr 1953 ist nicht etwa gewählt, weil es vielleicht eine Ausnahme bildet, sondern weil es das letzte Jahr ist, für das Zahlenvergleiche verfügbar sind.

Diese Zahlen zeigen, welche große Bedeutung die Investitionen absolut und relativ in Westdeutschland haben. Die Zahlen für die Investitionen der Industrie werden nicht gesondert ausgewiesen. Für drei Jahre, nämlich 1952 bis 1954, wurden sie vom Deutschen Wirtschaftsinstitut annäherungsweise berechnet. Sie belaufen sich in diesen drei Jahren ohne Energiewirtschaft und Bauindustrie auf insgesamt 34 bis 35 Milliarden Mark, das sind etwa 41 % der gesamten Brutto-Anlageinvestitionen.

Die Investitionen verteilen sich ganz unterschiedlich auf die einzelnen Industrien. Zahlreiche Betriebe der Textil- und Bekleidungsindustrie zum Beispiel waren nicht einmal in der Lage, dringende

Ersatzinvestitionen vorzunehmen, während in anderen Industrien gewaltige Kapazitätserweiterungen fertiggestellt wurden.

Von großer Bedeutung für die schnelle Entwicklung der westdeutschen Industrieproduktion war der amerikanische Überfall in Korea. Westdeutschland wurde für die Ausrüstung englischer und sogar amerikanischer Kriegsbetriebe mit modernen Werkzeugmaschinen herangezogen, und es konnte sich gewisse Vorteile auf dem kapitalistischen Weltmarkt sichern, weil einige seiner Konkurrenten von direkten Kriegslieferungen in Anspruch genommen waren. Die Verschärfung der internationalen Lage im Zusammenhang mit dem Überfall in Korea beschleunigte auch den Beschluß der amerikanischen Imperialisten, Westdeutschland aufzurüsten und in das aggressive amerikanische Paktsystem einzugliedern, wodurch der Ausbau der Kriegsindustrien in Westdeutschland verstärkt vorangetrieben wurde.

Die hauptsächlichsten Quellen der überaus hohen Investitionen waren die großen Profite der Monopole durch die verschärfte Ausbeutung und Ruinierung der westdeutschen Arbeiter und der ganzen Bevölkerung; die versteckten Kriegsgewinne, die erst nach der separaten Währungsreform zum Vorschein kamen; die amerikanischen Marshallplan-Kredite und die Begünstigung der Monopole bei der Umverteilung des Volkseinkommens zum Beispiel durch das Investitionshilfegesetz und andere staatliche Maßnahmen.

Einen weiteren Antriebsfaktor für die schnelle westdeutsche Industrieentwicklung stellte neben den Investitionen der Außenhandel dar. Während der Wert des Inlandsabsatzes von 1950 bis 1955 um etwa 89 % zunahm, erhöhte sich der Auslandsabsatz wertmäßig um etwa 216 %. Allerdings darf der Außenhandel als zusätzlicher Antriebsfaktor nicht überschätzt werden. Trotz der großen Steigerung erreicht der Auslandsabsatz der Industrie erst rund 13 % des gesamten Umsatzes der Industrie. Er ist also nicht von ausschlaggebender Bedeutung für die Erweiterung der Industrieproduktion.

Ein weiterer Faktor, der nicht übersehen werden darf, ist der große, in den Jahren nach Kriegsende aufgestaute Bedarf der Bevölkerung. Millionen Menschen hatten ihre Wohnung und ihre ganze bewegliche Habe verloren, waren ohne jeglichen Hausrat, ohne jede Reserve an den notwendigsten Kleidungsstücken. Es kann nicht die Rede davon sein, daß dieser Bedarf in den vergangenen Jahren etwa wirklich befriedigt wurde. Ein gewisses Minimum dieses Bedarfs wurde jedoch gedeckt. Das führte zu einer im Vergleich zu den übrigen Industrien allerdings bescheidenen Erhöhung der Erzeugung auch in den Verbrauchsgüterindustrien.

Die außerordentlich hohen Investitionen, der gewachsene Außenhandel und der große aufgestaute Bedarf der Bevölkerung waren also die entscheidenden Faktoren für die schnelle Entwicklung der westdeutschen Industrieproduktion in den vergangenen Jahren.

III. Die westdeutsche Landwirtschaft

Die Struktur der Landwirtschaft

Der Wiederherstellung und Festigung des deutschen Imperialismus entspricht die beschleunigte Entwicklung des Kapitalismus in der westdeutschen Landwirtschaft auf Kosten vor allem der werktätigen Bauern. Diese Entwicklung, die bereits das wichtigste Ziel der faschistischen Erbhofgesetze war, wurde und wird von der Bonner Regierung konsequent weitergeführt.

In Westdeutschland stand genauso wie in Ostdeutschland jene bisher ungelöste Aufgabe der bürgerlich-demokratischen Revolution auf der Tagesordnung, eine Bodenreform, die endlich die landarmen und landlosen Bauern und die Landarbeiter in den Besitz ausreichenden eigenen Bodens setzt. Auch in Westdeutschland wurden in den einzelnen Ländern Bodenreformgesetze geschaffen. Unter Mißbrauch dieser Gesetze wurde jedoch in Wirklichkeit die Bodenreform verhindert. Auf Grund der Bodenreformgesetze wurden rund 100 000 Hektar Boden für die Landbeschaffung registriert. Dabei handelt es sich um ganze 1,8 % des Bodenbesitzes der westdeutschen Großgrundbesitzer. Aber nicht einmal diese geringe Bodenfläche wurde verteilt, obwohl es mehr als 300 000 Anwärter auf Boden gab. Die Großgrundbesitzer waren bestrebt, mit Hilfe dieser Art von „Bodenreform" schlechte Böden zu bedeutend überhöhten Preisen abzustoßen, denn es versteht sich von selbst, daß sie nicht nur eine volle, sondern eine besonders hohe Bezahlung für das „Bodenreformland" erhielten. In Hessen erzielten die Großgrundbesitzer durchschnittlich den weit überhöhten Preis von 1 100 Mark für den Hektar. Die Bodenbewerber mußten dafür im Durchschnitt 2 870 Mark je Hektar zahlen.

Das Ergebnis dieser Politik ist, daß die Struktur der westdeutschen Landwirtschaft fast unverändert blieb. Die Betriebe bis zu 10 Hektar Betriebsfläche, das sind fast 76 % aller landwirtschaftlichen Betriebe, wirtschaften auf 24 % der gesamten Betriebsfläche, während die Betriebe mit über 100 Hektar, das sind rund 0,7 % aller Betriebe, über fast 28 % der Betriebsfläche verfügen.

Die in der westdeutschen Presse aufgestellte Behauptung, der „Grüne Plan“ sei tot, ist eine Lüge, die die westdeutschen Bauern über die wahren Absichten der Adenauer-Regierung hinwegtäuschen soll. Der „Grüne Plan“ wird gegenwärtig wegen der Differenzen der beteiligten imperialistischen Gruppen nicht als „supranationales Integrationsprojekt“, sondern in der Form des „Lübke-Plans“ verwirklicht, in den die bauernfeindliche Politik der Bonner Regierung gekleidet wurde.

Die Politik der Bonner Regierung ist darauf gerichtet, die Struktur der westdeutschen Landwirtschaft noch weiter zugunsten der Großbetriebe zu verändern und die Kleinbauern möglichst ganz zu ruinieren. In seiner Regierungserklärung am 20. Oktober 1953 im Bundestag erklärte ADENAUER:

> „Eine Quelle grundlegender Schwierigkeiten ist die augenblicklich bestehende Agrarstruktur. Von insgesamt 14 Millionen Hektar landwirtschaftlicher Grundfläche sind noch sieben Millionen umlegungsbedürftig, d. h. die Hälfte unserer landwirtschaftlichen Nutzfläche ist so zersplittert, daß eine Mechanisierung zur Steigerung der Arbeitsproduktivität erfolglos bleiben muß.“

Diese sieben Millionen Hektar, von denen ADENAUER sprach, sind faktisch die landwirtschaftliche Nutzfläche der Betriebe bis zu 20 Hektar. Sie sollen „umgelegt“, d. h. die darauf wirtschaftenden Bauern sollen gelegt werden. Eines der Mittel dazu ist das Gesetz über die Flurbereinigung. Die aus diesem Gesetz sich ergebenden Leistungen, die die landarmen Bauern nicht aufbringen können, zwingen sie in großem Umfang zur Landabgabe, so daß auf diesem Wege immer mehr Kleinbauernland in die Hände der Großgrundbesitzer übergeht.

In der Periode 1939 bis 1949 verringerte sich die Zahl der Betriebe bis zu 10 Hektar um 36 000, während die Zahl der größeren Betriebe mit mehr als 20 Hektar um 1 200 zunahm. In der Periode von 1949 bis 1954 aber nahm die Zahl der Wirtschaften bis zu 10 Hektar um 54 000 ab, während sich die Zahl der größeren Betriebe um 4 700 vergrößerte. Das ist ein deutlicher Ausdruck der Bonner Agrarpolitik, die sich für die Remilitarisierung eine stabile Grundlage mit Hilfe von großbäuerlichen Wirtschaften schaffen will. Aber die unmittelbare Aneignung der landwirtschaftlichen Flächen durch die Großgrundbesitzer ist keineswegs der einzige Weg der Konzentration des Grundeigentums und der kapitalistischen Entwicklung in der Landwirtschaft. LENIN hat nachdrücklich darauf hingewiesen, daß die „Trennung des Grund und Bodens vom Landwirt" vornehmlich auf dem Wege der zunehmenden Hypothekar- und sonstigen Verschuldung und des wachsenden Pachtsystems vor sich geht.

In den Betrieben bis zu zwei Hektar Nutzfläche waren 1949/50 bereits rund 30 % der Nutzfläche Pachtland, in den Betrieben von 2 bis 5 Hektar rund 26 % und in den Betrieben von 5 bis 10 Hektar immer noch 20 %. Durch das Landpachtgesetz von 1952 wurde die reine Naturalpacht zugelassen. Das Pachtsystem hat also unzweifelhaft in Westdeutschland bedeutend zugenommen.

Über die Verschuldung sei hier nur soviel gesagt, daß die jährlich von der Landwirtschaft aufzubringenden Schuldzinsen von 140 Millionen Mark 1949/50 auf 315 Millionen Mark 1953/54 gestiegen sind. Die von den Boden- und Kommunalkreditinstituten auf landwirtschaftliche Grundstücke ausgeliehenen Hypothekarkredite haben sich von 95 Millionen Mark Ende 1950 auf über eine Milliarde Ende 1955 mehr als verzehnfacht.

Produktivität und Produktion

In den Plänen der westdeutschen Imperialisten zur Festigung und Erweiterung ihrer Macht ist auch der Landwirtschaft ein fester Platz zugewiesen. Dem Streben nach Maximalprofit des Finanzkapitals entspricht eine rationalisierte kapitalistische Landwirtschaft, aus der ein Höchstmaß an Gewinnen, an Zinsen und Steuern gezogen werden kann. Ebenso wie im Faschismus treten zu diesen Zielen strategische Gesichtspunkte hinzu, die für die Vorbereitung und Führung eines neuen Krieges eine möglichst umfassende Nahrungsmittelautarkie durch Erhöhung der Agrarproduktion fordern.

Die Erzeugung der wichtigsten pflanzlichen Nahrungsmittel, die vor allem in den größeren kapitalistischen Wirtschaften erzeugt werden, ist daher in den vergangenen Jahren gestiegen. Anders ist die Lage bei den Spezialkulturen wie Wein, Tabak, Hopfen, Ölfrüchte, Hülsenfrüchte, Flachs usw., die vor allem die Wirtschaften der werktätigen Bauern betreffen. Die Anbaufläche der Spezialkulturen, die allerdings nur etwa zwei Prozent der Gesamtfläche einnehmen, ist um rund 40 % zurückgegangen. Ein Teil des Rückgangs ist allerdings durch Ertragssteigerung wettgemacht worden.

Eine der Ursachen der erhöhten Flächenerträge ist die gestiegene Mineraldüngerverwendung und der größere Maschinenbesatz. Dem festzustellenden Zuwachs an Schleppern entspricht freilich die Zunahme der übrigen Maschinen in keiner Weise. Nach offiziellen Bonner Angaben existieren für 25 % der Schlepper keine Schlepperpflüge, sondern werden die alten Gespannpflüge weiter benutzt. Hinzu kommt, daß die Schlepper in kleinen Wirtschaften und infolge des Mangels an Anhängegerät auch nicht im entferntesten wirtschaftlich ausgenutzt werden können.

Alle diese Tatsachen zeigen immerhin, daß die auch in unseren Diskussionen immer noch anzutreffende Behauptung von der angeblichen Extensivierung der westdeutschen Landwirtschaft nicht den Tatsachen entspricht. Was wir sehen, ist vielmehr eine Erhöhung der Erträge der Hauptkulturen durch intensivere Bearbeitung und höheren Maschinenbesatz.

Dieselben Ergebnisse zeigt auch ein Überblick über die Viehhaltung. Der Bestand an Rindern und besonders an Milchkühen hat den Vorkriegsstand noch nicht wieder erreicht, der Bestand an Schafen und Ziegen geht ständig zurück, lediglich der Schweine- und der Geflügelbestand ist größer als vor dem Kriege. Aber der durchschnittliche Milchertrag je Kuh war 1954 um rund 18 % höher als im Durchschnitt 1935/38 und um fast 7 % höher als 1950. Auch hier zeigen die Tatsachen eine fortschreitende Intensivierung.

Die fehlerhafte Einschätzung hat ihre Ursache zum Teil darin, daß einige Ökonomen anscheinend der Meinung sind, eine Verschlechterung der Lage der werktätigen Bauern würde nur durch die Extensivierung der Landwirtschaft herbeigeführt werden, während die Intensivierung notwendig zu einer Verbesserung ihrer Lage führen muß. In Wirklichkeit ist es so, daß gerade die elende Lage der werktätigen Bauern auf ihren geringen Bodenfetzen, ihr aussichtsloser Widerstand gegen die Konkurrenz der kapitalistischen landwirtschaftlichen Betriebe, ihre übermäßige Zins- und Steuerlast sie zwingt, durch äußerste Intensivierung, mittels Verausgabung ihrer letzten Kräfte, das Menschenmögliche aus Boden und Vieh herauszuholen. So gesehen ist die fortschreitende Intensivierung gerade eine ständige Begleiterscheinung der Verelendung der werktätigen Bauern.

Die Verelendung der werktätigen Bauern, die sie zu immer schlimmerer Überarbeit zwingt, geht klar aus den Ermittlungen des Instituts für Wirtschaftslehre des Landbaus in Stuttgart-Hohenheim hervor, das bei den Familienarbeitskräften in der Landwirtschaft eine durchschnittliche Arbeitszeit von 3 652 Stunden jährlich und von 3 762 Stunden bei den Frauen festgestellt hat. Das ist eine wöchentliche Arbeitszeit von 70 Stunden, für Frauen sogar von 72 Stunden.

Auf einzelnen Höfen hat das Institut Arbeitszeiten von 80 bis 90 Stunden wöchentlich festgestellt.

Ist es unter solchen Bedingungen ein Wunder, daß der Gesundheitszustand der westdeutschen werktätigen Bauern immer besorgniserregender wird? Professor HAUBOLD von der bayerischen Landesregierung hat kürzlich darüber erschreckende Tatsachen bekanntgegeben. Er spricht wörtlich von „einer erschreckenden Übersterblichkeit der Bauern im Vergleich mit anderen werktätigen Gruppen", von einer „verhältnismäßig hohen Säuglingssterblichkeit" sowie einer „erstaunlich geringen Widerstandskraft gegen Tuberkulose und andere Infektionskrankheiten". Es wird in der westdeutschen Presse offen davon gesprochen, daß bei zahlreichen Frauen werktätiger Bauern Überlastungserscheinungen schon vom 35. Lebensjahr an auftreten und daß die Säuglingssterblichkeit auf dem Lande bei 3,4 % liegt, gegen nur 2,9 % in den Großstädten. Die Tuberkulosesterblichkeit liegt in Bayern bei der bäuerlichen Bevölkerung etwa viermal so hoch wie bei den Metallarbeitern.

Untersuchungen an Schulkindern in den ländlichen Kreisen Neustadt/Schwarzwald und Donaueschingen ergaben, daß 80 % der Mädchen und 90 % der Jungen leichte bis mittelschwere Brustkorbdeformationen aufwiesen. In Niedersachsen betrugen die Haltungsschäden bei Schulkindern in der Stadt 15 %, auf dem Lande aber 33 % aller Kinder.

Das sind die unmittelbaren Folgen der äußersten Kraftverausgabung der werktätigen Bauern im Kampf um ihre Existenz.

Die Verelendung der werktätigen Bauern

Der Differenzierungsprozeß, der sich in der westdeutschen Landwirtschaft vollzieht, wird, wie wir bereits sahen, durch die Bonner Agrarpolitik beschleunigt, die sich in ihrer ganzen Schärfe gegen die werktätigen Bauern richtet. Es ist aber nicht nur die Bodenpolitik, sondern auch die Außenhandels-, Markt- und Preispolitik sowie die Besteuerung, die gegen die werktätigen Bauern wirken.

Die sogenannte „Liberalisierung" im Außenhandel, die die westdeutschen Monopole betreiben, um mit ihren industriellen Waren auf den Märkten der kapitalistischen Länder besser vorzudringen, hat zu einem Hereinströmen billiger Agrarerzeugnisse nach Westdeutschland geführt. Die Einfuhr von Gemüse erhöhte sich von 1951 bis 1954 um 44 %, von Obst um 42 % und von Südfrüchten um 88 %. Im Jahre 1954 erreichte die Einfuhr von Obst und Südfrüchten 45 % der einheimischen Ernte, die Einfuhr von Gemüse erreichte 46 % der westdeutschen Gemüseernte. Das Ergebnis war, daß Jahr für Jahr zahllose werktätige Bauern auf ihrem Obst und Gemüse sitzen blieben, daß sie nicht einmal die Treibstoffkosten des Abtransports dafür erzielen konnten und es unterpflügen mußten.

Die Preispolitik der Bonner Regierung wirkt sich in zwiefacher Hinsicht gegen die werktätigen Bauern aus: Einmal durch die Disparität der Preise für industrielle und landwirtschaftliche Erzeugnisse, zum anderen durch die unterschiedlichen Preise für Erzeugnisse der kapitalistischen Großbetriebe in der Landwirtschaft und der kleinbäuerlichen Wirtschaften.

Von 1950 bis 1955 erhöhten sich die Erzeugerpreise für landwirtschaftliche Produkte um 12 %, für industrielle Produkte aber um 19 %. Die Preise für den charakteristischen bäuerlichen Bedarf sind jedoch viel stärker gestiegen, wobei noch zu berücksichtigen ist, daß der Bauer nicht Großhandels-, sondern Kleinhandelspreise bezahlen muß. Die Preise für Landmaschinen sind um etwa 47 %, für Benzin um 35 %, für Strom um 40 %, für die wichtigsten Zukauf-Futtermittel um 44 %, für Schnittholz um 75 %, für Stickstoffdüngemittel um 32 % und für Superphosphat um 100 % gestiegen. Wenn man den Bedarf der werktätigen Bauern berücksichtigt, ist die Schere zwischen landwirtschaftlichen und industriellen Preisen also bedeutend größer, als der Index es anzeigt.

Die Bonner Politik fördert den Differenzierungsprozeß in der Landwirtschaft weiter dadurch, daß sie die Erzeugnisse der kapitalistischen Betriebe im Preise begünstigt. Das trifft vor allem für das Getreide zu, dessen Preis durch das Getreidepreisgesetz geschützt ist. Die landarmen Bauern können natürlich kaum Getreide verkaufen, sondern sind meistens gezwungen, zu Futterzwecken selbst Getreide zu kaufen. Der Getreidepreis aber lag 1954/55 im Durchschnitt um 58 % höher als 1949/50. Umgekehrt war es mit den Erzeugnissen der Kleinbauern: Für Öl- und Faserpflanzen wurden nur 10 %, für Milch nur 6 % mehr erzielt als 1949/50; für Genußmittelpflanzen war der Erzeugerpreis um 32 % gesunken, für Obst war er um 1 %, für Weinmost um 30 % und für Eier ebenfalls um 30 % gesunken.

Es ist also nicht die Extensivierung, die die werktätigen Bauern Westdeutschlands ruiniert, sondern die gesamte auf die Landwirtschaft bezügliche Politik Bonns, die es ihnen immer schwerer macht, dem Konkurrenzkampf der Großbetriebe standzuhalten, und die sie zu einer immer stärkeren Intensivierung der Bodenbearbeitung und auch ihrer eigenen Leistung zwingt.

Die erhöhte landwirtschaftliche Produktion hat zu gestiegenen Verkaufserlösen, aber natürlich auch zu wachsenden Betriebsausgaben geführt. Wenn die amtliche Statistik angebliche Betriebsüberschüsse herausrechnet, so ist dabei außer acht gelassen, daß es sich um allgemeine Durchschnittszahlen handelt, die nichts über die tatsächlichen Überschüsse in den einzelnen Betriebsgrößenklassen oder gar Betrieben aussagen. Des weiteren sind bei den Betriebsausgaben noch nicht die persönlichen Steuern und die Soforthilfeabgaben sowie die Lohnansprüche der Familienarbeitskräfte berücksichtigt. Im Jahre 1954 gab es in der westdeutschen Landwirtschaft 3,9 Millionen ständige Familienarbeitskräfte, von denen 90 % in den Betrieben bis zu 20 Hektar tätig waren. Nimmt man einmal an, daß die Überschüsse nur zur Entlohnung der ständigen Familienarbeitskräfte dienen, so würden sie je Arbeitskraft einen Barlohn von 898 Mark jährlich oder 75 Mark monatlich erlauben. Die nichtständigen Familienarbeitskräfte gehen bei dieser Rechnung leer aus. Rechnet man zu den jährlich 898 Mark selbst noch den von den Steuerbehörden zugelassenen Satz von 360 Mark jährlich für Naturalien hinzu, so ergeben sich theoretisch 1 258 Mark. Ein landwirtschaftlicher Lohnarbeiter erhielt 1953/54 nach den amtlichen Angaben im Durchschnitt 2 020 Mark. Diese Zahlen bestätigen, daß das Einkommen vieler werktätiger Bauern im Durchschnitt sogar noch weit unter dem des Landarbeiters liegt.

Das Ergebnis der Entwicklung ist die wachsende Verschuldung der westdeutschen Landwirtschaft, die sich von der Währungsreform bis Mitte 1954 auf das Zweieinhalbfache erhöht hat. Die von der Landwirtschaft aufgenommenen kurz- und mittelfristigen Kredite, die vor allen Dingen die werktätigen Bauern betreffen, sind 1954 fünfundzwanzigmal so hoch gewesen wie 1948.

Eine immer größere Zahl von Bauern fällt, wie wir bereits sahen, diesem System zum Opfer.

IV. Der staatsmonopolistische Kapitalismus in Westdeutschland

Die Monopole bemächtigen sich der Staatsfunktionen

In unserer Literatur über Westdeutschland wird der Bonner Staat vollkommen richtig als ein Instrument zur Unterdrückung und Niederhaltung der werktätigen Massen dargestellt. Noch ungenügend ist aber seine Darstellung als Werkzeug zur Bereicherung der Finanzoligarchie auf Kosten aller anderen Schichten und Klassen der

Bevölkerung. Darin besteht aber gerade in erster Linie die Unterordnung des Staates unter die Monopole, das ist die wichtigste Zielsetzung des staatsmonopolistischen Kapitalismus.

> „Ist einmal das Monopol zustande gekommen", sagt LENIN, „und schaltet und waltet es mit Milliarden, so durchdringt es mit absoluter Unvermeidlichkeit *alle* Gebiete des öffentlichen Lebens, ganz unabhängig von der politischen Struktur und beliebigen anderen ‚Details'." [1])

Schon im ersten Weltkrieg und in der Weimarer Republik trat die Personalunion zwischen Monopolen und Staatsapparat deutlich in Erscheinung. Als Beispiele seien hier nur genannt Rathenau, Cuno und Stresemann. Umgekehrt strömten die hohen und höchsten Ministerialbeamten in die Direktorien und Aufsichtsräte der großen Konzerne, um ihre Verbindungen und geheimen Kenntnisse den Monopolen nutzbar zu machen. Einen neuen Höhepunkt erreichte diese Entwicklung im Faschismus, als die Vertreter der Trusts und Monopole die wichtigsten staatlichen Funktionen übernahmen und sämtliche maßgebenden Vertreter des Staatsapparates ihre Pfründe in den Konzernen erhielten.

Die Unterordnung des Staates unter die Monopole ist im Westdeutschland ADENAUERs wenn möglich noch weitergetrieben worden. Sie geht keineswegs nur heimlich, still und leise vor sich, sondern von den führenden Unternehmerorganisationen wird offen und laut der „Einzug der Unternehmer in die Politik" gefordert. In einem Buch, das von einem den Unternehmerorganisationen sehr nahe stehenden Kreis herausgegeben wurde, wird gesagt, es ginge

> „... entscheidend um das *Vorbild*, um das *Vorangeben* in die Politik. Nicht als eine fremde, sondern als die eigene Welt des Unternehmers. Es geht um die Führung des Staates ..." [2])

Dieser Forderung entspricht der westdeutsche Staat in vollem Maß.

Der Bundeskanzler ADENAUER selbst ist der Repräsentant der Kölner Gruppe des Finanzkapitals. In dieser Gruppe finden wir den Werhahnkonzern, der die Rheinische Braunkohlenindustrie beherrscht, aber auch viele andere Interessen hat. Zu der Kölner Gruppe gehören die Versicherungskonzerne, zum Beispiel der Ger-

---

[1]) W. I. LENIN, Der Imperialismus als höchstes Stadium des Kapitalismus, Dietz Verlag, Berlin 1951, S. 63.

[2]) GUSTAV STEIN in „Unternehmer in der Politik", Düsseldorf 1954, S. 10/11.

ling-Konzern, die Colonia, die Nordstern und andere. Dazu gehören die großen Privatbankhäuser Oppenheim mit dem berüchtigten PFERDMENGES und das Bankhaus J. H. Stein. Die Interessen dieser Gruppe vertrat ADENAUER jahrzehntelang als Kölner Oberbürgermeister, von ihr wurde er zum Präsidenten des Preußischen Staatsrats gemacht und in eine große Zahl von Kontrollfunktionen gesetzt, von ihr erhielt er Millionengeschenke und wurde er auch auf den Sessel des westdeutschen Bundeskanzlers geschoben.

Der Vizekanzler BLÜCHER war während der ganzen Nazi-Zeit in zwei wichtigen Essener Banken führend tätig und ist aus dieser Zeit sowohl mit den Bank- wie mit den Industriemonopolen der Ruhr, darunter mit dem Krupp-Konzern, eng verbunden.

Der Justizminister NEUMAYER ist an einer Reihe wichtiger südwestdeutscher Unternehmen beteiligt, in deren Mittelpunkt die Nähmaschinenfabrik G. M. Pfaff AG steht, und zu denen die Gienanth-Werke AG, die Barbarossawerke AG und andere zählen.

Der Wirtschaftsminister ERHARD diente den Monopolen bereits als Leiter des Instituts für Wirtschaftsforschung in Nürnberg und wurde von den Nazis im Jahre 1942 zum Leiter des Instituts für Industrieforschung ernannt. Daneben war er Direktor eines Münchener Versicherungskonzerns.

Der Verkehrsminister SEEBOHM gehört zur Gilde der preußischen Bergassessoren, die fast sämtliche Zechen- und Hüttendirektoren Westdeutschlands stellt. Er war in der Nazi-Zeit Bergwerksdirektor und wurde nach der Annexion des Sudetengebietes in die Aufsichtsräte einiger ebenfalls „annektierter" tschechoslowakischer Bergwerksgesellschaften entsandt. 1940 wurde er Geschäftsführer der größten westdeutschen Bohrungs- und Erdölgesellschaft, der Firma C. Deilmann, und Vorstandsmitglied der Braunschweigischen Maschinenbauanstalt. Er saß im Vorstand des berüchtigten Vereins Deutscher Maschinenbauanstalten und war Vorsitzender des Wirtschaftsverbandes Erdölgewinnung.

Der Postminister BALKE kommt aus der Wacker-Chemie AG und anderen mit der IG Farben verbundenen Chemiewerken.

Wohnungsbauminister PREUSKER war seit 1932 einer der hoffnungsvollen jungen Männer der volkswirtschaftlichen Abteilung der Dresdner Bank und nach 1945 bei deren Tochtergesellschaft, dem Bankhaus Hardy & Co., in leitender Stellung tätig.

Bereits diese wenigen Beispiele zeigen, daß das westdeutsche Kabinett, was die Vertretung der Monopole in ihm anbelangt, wahrscheinlich nur noch von der Eisenhower-Regierung in den USA übertroffen wird.

Die Koalitionsparteien werden vollständig von den Vertretern der Monopole beherrscht. Auch hier nur einige Beispiele. In der Bundestagsfraktion der CDU/CSU sitzen:

FRITZ HELLWIG, Geschäftsführer des Industrieinstituts;

PETERHEINRICH KIRCHHOFF, Vorstandsmitglied des VDMA;

WALTER LÖHR, Geschäftsführer des Verbandes der Chemischen Industrie;

KARL MÜLLER, Vorsitzender der Wirtschaftlichen Vereinigung Zucker;

FRANZJOSEPH MÜSER, früher Vorstandsmitglied des Bochumer Vereins AG, jetzt Vorstandsmitglied der Carolinenglück Bergbau AG, der Graf Moltke Bergbau AG und Vorstandsmitglied des Arbeitgeberverbandes für die Eisen- und Metallindustrie des rheinisch-westfälischen Industriebezirks;

ROBERT PFERDMENGES, Inhaber des Bankhauses Oppenheim und Vorsitzender des Bundesverbandes des privaten Bankgewerbes;

WOLFGANG POHLE, Vorstandsmitglied der Mannesmann AG und Vorstandsmitglied des Arbeitgeberverbandes für die Eisen- und Metallindustrie des rheinisch-westfälischen Industriebezirks.

In der FDP-Fraktion finden wir u. a.:

KARL ATZENROTH, Gründer der Vereinigung mittelrheinischer Unternehmerverbände;

ROBERT MARGULIES, Präsidialmitglied des Gesamtverbandes des westdeutschen Groß- und Außenhandels;

WILLY MAX RADEMACHER, Vorsitzender der Arbeitsgemeinschaft Spedition und Lagerei;

HANS REIF, Vorsitzender der Schutzvereinigung der Wertpapierbesitzer Westberlin;

HANS WELLHAUSEN, Direktor der Maschinenfabrik Augsburg-Nürnberg AG (MAN).

Die Parteien der Bonner Koalition sind, wie die wenigen Beispiele zeigen, nichts weiter als Werkzeuge der Monopole. Die Ausschüsse des Bonner Parlaments, die sich mit wirtschaftlichen Fragen beschäftigen, werden von den Vertretern der Monopole beherrscht.

Stellvertretender Vorsitzender des Haushaltausschusses ist MARTIN BLANK, FDP, Direktor der Gutehoffnungshütte AG.; Vorsitzender des Ausschusses für Finanz- und Steuerfragen ist HANS WELLHAUSEN, Direktor der MAN; stellvertretender Vorsitzender des Ausschusses für den Lastenausgleich ist KARL ATZENROTH,

Inhaber der Rheinischen Möbelwerke und Präsident der Union Européenne de l'Ameublement, Paris; Vorsitzender des Ausschusses für Wirtschaftspolitik ist WILHELM NAEGEL, Geschäftsführer der C. & A. Brenninkmeyer, Vorstandsmitglied des Bundes Katholischer Unternehmer usw.; Vorsitzender des Ausschusses für Geld und Kredit ist HUGO SCHARNBERG, Aufsichtsratsmitglied der zum Krupp-Konzern gehörenden Hütten- und Bergwerke Rheinhausen AG, der Hamburger Kreditbank AG, die zum Konzern der Dresdner Bank gehört und einer Reihe weiterer wichtiger Unternehmen; stellvertretender Vorsitzender des Ausschusses für Außenhandelsfragen ist ROBERT MARGULIES, der im Präsidium des Gesamtverbandes des Groß- und Außenhandels sitzt.

Das also ist das Bonner Parlament, ein wahrhaftes Parlament der Monopole, ein Parlament der Multimillionäre.

Die Monopole haben sich nicht nur im Kabinett und im Parlament eingenistet, sondern auch in deren näherer und weiterer Umgebung. Immer öfter wird – wie das sogar schon im Bundestag geschah – von den Bonner Lobbyisten gesprochen. „Lobby" nennt man die Wandelgänge des Parlaments, des Unterhauses in London, des Kongresses in Washington. Dort halten sich die Leute auf, die irgendein Anliegen an einen Abgeordneten haben. Die Lobbyisten sind jene Leute, die im Auftrage bestimmter monopolistischer Interessengruppen Einfluß auf Abgeordnete ausüben und sie bestechen. LENIN sagt im Imperialismus:

> „Die ‚amerikanischen Sitten', vor denen europäische Professoren und gutgesinnte Bürger so heuchlerisch die Augen verdrehen, sind in der Epoche des Finanzkapitals buchstäblich zu Sitten einer jeden Großstadt in jedem Lande geworden." [1])

Auch die „amerikanische Sitte" der Lobby ist mit vielen anderen Erscheinungsformen der amerikanischen Lebensweise in Bonn eingezogen. Bundestagspräsident GERSTENMAIER erklärte vor dem Plenum des Bundestages,

> „... daß Fachorganisationen und Interessenverbände in zunehmendem Maße den Versuch machen, innerhalb des Bundeshauses auf die Abgeordneten unmittelbar vor der Abstimmung einschlägiger Gesetze Einfluß zu nehmen." [2])

---

[1]) W. I. LENIN, „Der Imperialismus als höchstes Stadium des Kapitalismus", Dietz Verlag, Berlin 1951, S. 62/63.

[2]) Stuttgarter Zeitung Nr. 258 vom 9. November 1955.

Aus der Tätigkeit der Lobbyisten dringt selbstverständlich nur etwas in die Öffentlichkeit, wenn die Gegner der betreffenden Gruppe es für zweckmäßig halten. Einige solche Skandale sind immerhin bekannt geworden. So wurde zum Beispiel die Stadt Bonn zur westdeutschen Hauptstadt bestimmt, nachdem rund hundert Abgeordnete mit zwei Millionen Mark von den Konzernen bestochen worden waren. Ein Direktor der Erdölgesellschaft Elwerath bestach durch den damaligen Abgeordneten AUMER die Bayernpartei mit einer Summe, von der nur 22 000 Mark nachgewiesen werden konnten.

Zu den bekanntesten Lobbyisten in Bonn gehört ein gewisser AUGUST HEINRICHSBAUER, seit Jahrzehnten Vertrauensmann der Ruhrkonzerne für Verbindungen, die das Licht der Öffentlichkeit scheuten. 1949 wurde er Pressechef des Bundesverbandes der Industrie, legte dieses Amt aber 1950 schon nieder, um sich in Bonn als der Verbindungsmann der Schwerindustrie zum Parlament niederzulassen.

Solche „Interessenvertreter" wie HEINRICHSBAUER umlagern heute zu Dutzenden das Bonner Parlament und üben ihren Druck und ihre Bestechungskünste auf bestimmte Abgeordnete aus. Eine große Anzahl von Monopolen und etwa 250 Unternehmer- und Wirtschaftsverbände haben ihre „Verbindungsstellen", „Behördenvertretung", „Geschäftsstellen" usw. in Bonn etabliert, um ihren Einfluß auf den Staatsapparat auszuüben. Wie weit dieser Einfluß geht, zeigt eine Stellungnahme aus dem Volkswirt, der feststellt, daß diese Beeinflussungen zu einer Gefahr für die parlamentarische Arbeit geworden sind. [1])

Bonn scheint tatsächlich den Ehrgeiz zu haben, den parlamentarischen Korruptionssumpf der USA noch zu übertreffen.

Die Monopole entscheiden über die Gesetzgebung

Die wichtigsten Organe, in denen die Politik der Monopole formuliert und die Maßnahmen für ihre Durchsetzung vorbereitet werden, sind die Unternehmerverbände, die ein dichtmaschiges Netz über Westdeutschland ausgebreitet haben. Die Zusammenfassung aller dieser Verbände ist der „Gemeinschaftsausschuß der deutschen gewerblichen Wirtschaft". Vorsitzender des Gemeinschaftsausschusses ist FRIEDRICH SPENNRATH, Vorstandsvorsitzender der AEG und einer der Einpeitscher der Frontstadtpolitik in Westberlin. SPENNRATH ist mit ADENAUER aus seiner Kölner Zeit – als ADENAUER Ober-

[1]) Der Volkswirt, Frankfurt a. M., Nr. 46 vom 13. November 1954.

bürgermeister war, beschäftigte er lange Jahre SPENNRATH in der Kölner Stadtverwaltung – eng befreundet. Dem Gemeinschaftsausschuß gehören an der Bundesverband der Industrie, die Bundesvereinigung der Arbeitgeberverbände, der Bundesverband des privaten Bankgewerbes und zehn weitere zentrale Unternehmerverbände, die über hunderte von Spezial-, Fach- und Regionalvereinigungen verfügen. Allein der Bundesverband der Industrie hat rund 40 Mitgliederverbände und 13 Landesvertretungen. Er ist die wichtigste der Unternehmervereinigungen. In einem zum fünften Jahrestag des BDI herausgegebenen Buch wird gesagt:

> „(seine) ... Gründer setzten sich zur Richtschnur, daß die Organisation nicht als solche wirken wollte, sondern als Instrument von *Persönlichkeiten.* Sie wollten diesen unternehmerischen Persönlichkeiten das Mittel, das Werkzeug geben, durch das sie ihre Belange im Rahmen des Staates und der Gemeinschaft vertreten konnten...
> Diese Aufgabe setzt einen Apparat voraus, ... der fähig ist, die Stellungnahme der Industrie zu den aktuellen Fragen mit Nachdruck gegenüber der Öffentlichkeit, der Regierung und dem Parlament zu vertreten.“ [1])

Eines der Instrumente, das der BDI den Unternehmern schuf, war das Deutsche Industrieinstitut. Es koordiniert die gesamte Propaganda der Monopole, veröffentlicht laufend Informationen und lenkt vor allem die Millionengelder der Unternehmer in die Kanäle, in denen sie am zweckmäßigsten wirksam werden. In der eben zitierten Jubiläumsschrift des BDI heißt es, daß es die Aufgabe des Industrieinstituts ist,

> „... auf alle Organe der öffentlichen Meinungsbildung mit dem Ziel einzuwirken, eine objektive Behandlung der Fragen des Unternehmertums zu sichern und darüber hinaus diesem selbst das Bewußtsein seiner Stellung im Volksganzen zu wecken und zu vertiefen.“ [2])

Die Beispiele dafür, wie die Monopole durch den Staat und seine Maßnahmen ihre Ziele verwirklichen, wie sie selbst diese Gesetzgebung vorbereiten, sind Legion. Einige besonders krasse Beispiele seien genannt:

Das Gesetz über die DM-Eröffnungsbilanzen vom August 1949 gab den Monopolen die Möglichkeit, die von ihnen angesammelten

---

[1]) „5 Jahre BDI“, Bergisch Gladbach 1954, S. 16.

[2]) Ebenda.

riesigen Kriegsgewinne zu aktivieren, eine Neubewertung ihrer Anlagen vorzunehmen und erneut große stille Reserven zu bilden.

Das Wohnungsbaugesetz vom April 1950 mit seinen späteren Ergänzungen ermöglichte es den Monopolen, durch Steuervergünstigungen und öffentliche Bürgschaften große Mittel äußerst gewinnbringend im Wohnungsbau anzulegen.

Die verschiedenen Gesetze über die Einkommen- und Körperschaftssteuer schufen immer neue Voraussetzungen der legalen Steuerhinterziehung für die Monopole.

Das Gesetz über die Übernahme von Sicherheitsleistungen im Ausfuhrgeschäft vom September 1950 stellte den Monopolen zunächst 600 Millionen, die später immer weiter bis auf 4 Milliarden erhöht wurden, für Garantien zur Verfügung und enthob sie des Risikos im Export. Durch das Gesetz über steuerliche Maßnahmen zur Förderung der Ausfuhr vom Juni 1951 und vom September 1953 wurden ihnen beträchtliche Steuererleichterungen und Vergünstigungen bei der Ausfuhr gewährt.

Das Gesetz über die Investitionshilfe der gewerblichen Wirtschaft schanzte den Monopolen des Kohlenbergbaus, der eisenschaffenden Industrie und der Energiewirtschaft steuerliche Vergünstigungen und die Summe von einer Milliarde Mark auf Kosten der gesamten übrigen gewerblichen Wirtschaft zu.

Das Gesetz über den Niederlassungsbereich von Kreditinstituten vom März 1952 schuf die Voraussetzungen für die Wiedererrichtung der Monopolbanken.

Die „Große Steuerreform" vom Dezember 1954 brachte den Monopolen neue große Steuervergünstigungen durch Senkung des Einkommen- und Körperschaftssteuertarifs und andere Maßnahmen.

Über das Zustandekommen des Investitionshilfe-Gesetzes wird zum Beispiel im Tätigkeitsbericht des Deutschen Industrie- und Handelstages für 1951/52 gesagt:

> „Der Gemeinschaftsausschuß der Deutschen Gewerblichen Wirtschaft erarbeitete in zahlreichen Verhandlungen Vorschläge, im Wege der Selbsthilfe der deutschen gewerblichen Wirtschaft an der Beseitigung der Engpässe in der Grundstoffindustrie beizutragen. Diese am 11. 6. 1951 dem Bundesfinanzministerium vorgelegten Vorschläge zur Aufbringung einer Investitionshilfe von 1 Milliarde DM dienten als Grundlage einer Regierungsvorlage vom 22. 6. 1951 bzw. 7. 7. 1951...."

Ein ähnliches Vorgehen läßt sich für alle anderen wichtigen Gesetze nachweisen. Am besten wird wohl die Lage mit den Worten gekennzeichnet, die Dr. VIKTOR AGARTZ in seinem Grundsatzreferat auf dem 3. Ordentlichen Bundeskongreß des Deutschen Gewerkschaftsbundes im Oktober 1954 sprach:

> „Kein Gesetzentwurf von einiger Bedeutung geht zur Beschlußfassung an das Bundeskabinett, ohne daß die Stellungnahme von Kammern und Verbänden der Unternehmer eingeholt wird."

Eines der wichtigen Ziele, die die Vertreter der Monopole mit Hilfe des Staatsapparates verfolgen, ist die Umverteilung des Volkseinkommens durch die Besteuerung und den Staatshaushalt. Hier seien nur einige wenige Zahlen genannt: Die Haushaltseinnahmen aus den Abzügen von Löhnen und Gehältern für Lohnsteuer und „Notopfer Berlin" haben sich von 1950 bis 1954 um 130 % erhöht, die Einnahmen aus der Körperschaftssteuer jedoch nur um genau 100 %. Der Anteil der Lohnsteuern an den gesamten Steuereinnahmen stieg in der gleichen Zeit von 10,67 auf 12,72 %, der Anteil der Körperschaftssteuern nur von 9,27 auf 9,82 %. Die Arbeiter und Angestellten werden heute vom Bonner Staat noch bedeutend rücksichtsloser geschröpft als von dem faschistischen Staat vor dem zweiten Weltkrieg. Die gesamten Abzüge von der Brutto-Lohn- und Gehaltssumme betrugen 1936 bereits 12,7 %, 1954 aber waren sie schon auf 14,8 % angestiegen. Die indirekten Steuern erreichten 1936 einen Anteil von 31 % an der Brutto-Lohn- und Gehaltssumme, 1954 aber von 34,2 %. Lohn- und Gehaltsabzüge und indirekte Steuern zusammen betrugen 1955 die astronomische Summe von 33 bis 35 Milliarden Mark und erreichten fast die Hälfte der Brutto-Lohn- und Gehaltssumme. Staatsausgaben und Brutto-Investitionen waren 1954 um fast 10 % höher als das gesamte Netto-Einkommen aus unselbständiger Arbeit.

Neben all diesen schwerwiegenden ökonomischen Tatsachen darf natürlich die Rolle des Bonner Staates als Instrument zur politischen Entrechtung und Unterdrückung der Arbeiterklasse nicht unterschätzt oder vergessen werden. Hier ist in erster Linie das reaktionäre Betriebsverfassungsgesetz zu nennen, das auf der gleichen Linie liegt wie die faschistische Arbeitsgesetzgebung mit der „vertrauensvollen Zusammenarbeit" zwischen Betriebsräten und Unternehmern, Gewerkschaften und Unternehmerverbänden, mit dem Verbot politischer Tätigkeit im Betrieb und der Verhinderung eines wirklichen Mitbestimmungsrechtes der Arbeiter in der Wirtschaft.

Für die wachsenden Unterdrückungsmaßnahmen des Bonner

Staates gegen die Gewerkschaften seien nur die Nachwirkungen des bayerischen Metallarbeiterstreiks von 1954 genannt. Ende November 1955 wurde die IG Metall des DGB wegen eines zweitägigen Streiks bei der MAN zu einer Strafe von 69 000 Mark Schadenersatz verurteilt. Einige Siemens-Arbeiter, die als Streikposten einen Zusammenstoß mit Streikbrechern hatten, wurden vom Bayerischen Oberlandesgericht zu Gefängnisstrafen verurteilt. Die Gründung der „Christlichen Gewerkschaftsbewegung", die Angriffe gegen Dr. AGARTZ und seine Mitarbeiter, ihre Ausschaltung aus dem Wirtschaftswissenschaftlichen Institut der Gewerkschaften, alle diese Tatsachen zeigen, daß der Großangriff der Unternehmer gegen die Gewerkschaften zwar bereits begonnen, aber noch keineswegs seinen Höhepunkt erreicht hat.

In diesem Zusammenhang müssen auch die Maßnahmen der Bundesregierung gegen die Kommunistische Partei Deutschlands gesehen werden: Der Verbotsprozeß der Bundesregierung gegen die KPD in Karlsruhe, die Massenverhaftungen von führenden Funktionären der KPD wie FRITZ RISCHE, JOSEF LEDWOHN und viele andere, und die Haftbefehle gegen fast alle Mitglieder des Sekretariats des Parteivorstandes der KPD. In diesen Zusammenhang gehören auch die Terrorprozesse gegen andere fortschrittliche Politiker, wie die FDJ-Funktionäre JUPP ANGENFORTH und WOLFGANG SEIFFERT, die Verurteilung des Sekretärs der Gesellschaft für Deutsch-Sowjetische Freundschaft usw. Wo immer mit dem Terror gegen Kommunisten begonnen wurde, erwies sich dies nur als der erste Schritt zur Terrorisierung der ganzen Arbeiterbewegung, zur Zerschlagung auch der Gewerkschaften. Durch die Knebelung des fortschrittlichsten und aktivsten Teils der Arbeiterbewegung, der Kommunisten, will der Bonner Staat die Voraussetzungen schaffen, um im Zeichen der Remilitarisierung die gesamte Arbeiterbewegung zu zerschlagen.

Die „Staats"-Betriebe

Eine weitere Seite des staatsmonopolistischen Kapitalismus in Westdeutschland, der wir eine ungenügende Beachtung schenken, ist der große Block der staatlichen Unternehmen.

Wie schon in den zwanziger Jahren, in der Weimarer Republik, wird auch heute von sozialdemokratischer und gewerkschaftlicher Seite versucht, die staatlichen Unternehmen als „Keimzellen des Sozialismus" oder mindestens als „eine Form des Werdens der Wirtschaftsdemokratie" darzustellen. In Wirklichkeit sind diese Betriebe genauso wenig „sozialistisch" oder „demokratisch" wie die privaten Monopole. Die Leitung der Staatsbetriebe liegt in den Händen der führenden westdeutschen Monopolisten, wie zum Beispiel OTTO AMBROS und FRITZ TER MEER vom IG Farben-Trust, HANS GÜNTHER SOHL von den Vereinigten Stahlwerken, KARL-HUBERT SCHWENNICKE vom Siemens-Konzern, HANS C. BODEN von der AEG und den Bankiers ABS, CARL GOETZ, FRIEDRICH ERNST usw.

Die Arbeiter in den Staatsbetrieben müssen genauso um das Mitbestimmungsrecht und gegen die Ausbeutung kämpfen wie in den privaten Monopolen.

Die Staatsbetriebe sind zum großen Teil im Verlauf der Militarisierung der Wirtschaft bereits vor dem ersten Weltkrieg, insbesondere aber während des ersten und zweiten Weltkrieges selbst entstanden. Sie haben den Monopolen das private Risiko abgenommen und ihnen auf indirektem Wege große Profite abgeworfen, indem sie ihnen bei der Tarifgestaltung und auf ähnliche Weise bedeutende Vergünstigungen bieten. Wie groß der Komplex der „bundeseigenen" Unternehmen ist, kann daraus entnommen werden, daß sie mit ihren Tochter- und Beteiligungsgesellschaften ein Aktienkapital von 4,86 Milliarden Mark kontrollieren, das sind fast 22 % des gesamten westdeutschen Aktienkapitals. Die Einnahmen des Bundeshaushalts aus diesen Riesenunternehmungen sind lächerlich gering. Sie betrugen 1954 nur 8,9 Millionen Mark, für 1955 sind 27 Millionen Mark veranschlagt, dafür wurden aber in diesen Betrieben 1954 Sonderabschreibungen in Höhe von 238 Millionen Mark vorgenommen.

Die Tatsache, daß die bundeseigenen Unternehmen den Monopolen insgesamt dienen, verhindert keineswegs, daß um die Unternehmen, deren Gewinne so stark angestiegen sind, daß sie auch mit den geschicktesten Bilanzkünsten nicht mehr verschleiert werden können, ein scharfer Kampf verschiedener Monopolgruppen eingesetzt hat. So ist bereits eine starke Gruppe, an der der Siemens-Konzern und die Deutsche Bank beteiligt sind, dabei, die Howaldtswerke AG, Hamburg, und die mit der Deutsche Werke AG fusionierte Kieler Howaldtswerft zu erwerben. Der Stinnes-Konzern hat bereits die Maschinenbau Kiel AG gekauft und der Borsig-Konzern steht im Begriff, sich wieder der Rheinmetall-Borsig AG zu bemächtigen.

Eine ganze Reihe weiterer „Bundesunternehmen" wird ebenfalls wieder reprivatisiert, das heißt an die großen Konzerne abgegeben. Vom Bonner Bundestag ist ein besonderer Ausschuß ins Leben gerufen worden, der die Überführung von Bundesbetrieben in Privateigentum in die Hand genommen hat.

V. Das Wirken des ökonomischen Grundgesetzes des modernen Kapitalismus

Die Maximalprofite der Monopole

Das Ziel der kapitalistischen Produktion ist stets der höchstmögliche Profit. Im vormonopolistischen Kapitalismus, unter den Bedingungen der freien Konkurrenz, führte gerade dieses Streben „durch die fortwährende Übertragung von Kapital aus einer Sphäre in die andere, wo augenblicklich der Profit über dem Durchschnitt steht"; [1]) zum Ausgleich der Profitraten, zum Durchschnittsprofit.

Im monopolistischen Kapitalismus fallen die Bedingungen, die den Durchschnittsprofit herbeiführten, zum größten Teil fort. Die entscheidenden Industriezweige in Westdeutschland werden, wie wir sahen, von wenigen Monopolen beherrscht. Die Abwanderung von Kapital aus dem einen und sein Eindringen in einen anderen Industriezweig ist hier, wenn auch nicht unmöglich, so doch außerordentlich erschwert. Die Beherrschung der gesamten Wirtschaft durch die relativ kleine Zahl von Monopolen, die Ausschaltung der freien Konkurrenz und die Beherrschung des Staatsapparates, kurz, die tatsächliche „Allmacht der Monopole" schafft die Möglichkeit der Erzielung von Maximalprofiten.

Das bedeutet jedoch, daß nur noch jene Monopole im verschärften Kampf untereinander bestehen können, die Maximalprofite abwerfen. Nur sie können „die erweiterte Reproduktion mehr oder weniger regulär" verwirklichen und erhalten die immer größeren notwendigen Investitionskredite. Maximalprofite sind im Kampf der Monopole untereinander und im Kampf um den kapitalistischen Weltmarkt zu einer Entwicklungsbedingung des monopolistischen Kapitalismus geworden.

Dem hohen Konzentrationsgrad der westdeutschen Wirtschaft, der wiedererlangten Macht der westdeutschen Monopole, entspricht auch die Höhe der Profite. Nun gibt es in Westdeutschland noch weniger als in anderen kapitalistischen Ländern eine brauchbare Statistik der Monopolgewinne. Es gibt jedoch einige Hinweise, die uns wenigstens einen relativen Vergleich erlauben. In den fünf

---

[1]) KARL MARX, Das Kapital, Dietz Verlag, Berlin 1951, Band III, S. 234.

Jahren 1950 bis 1954 betrugen die gesamten Investitionen, wie sie in der sogenannten „volkswirtschaftlichen Gesamtrechnung" angegeben sind, ohne Besatzungsinvestitionen und ohne Vorratsveränderungen rund 124 Milliarden Mark. In den vier Jahren 1950 bis 1953 (für 1954/55 fehlen uns noch die Vergleichszahlen) betrugen die Investitionen rund 93 Milliarden Mark. Setzen wir diese Summe in Vergleich zu dem in der gleichen Zeit aus der Land- und Forstwirtschaft, dem Handwerk und der Industrie gewonnenen Volkseinkommen, so erhalten wir eine Relation von 38,4 %. Für Großbritannien beträgt die Relation in der gleichen Zeit nur 28,6 %, und selbst in den Vereinigten Staaten erreicht sie mit nur 37,6 % nicht die gleiche Höhe. Der Unterschied wird noch deutlicher, wenn wir nur das Jahr 1953 nehmen, das letzte Jahr, für das bisher Vergleichszahlen vorliegen. Die Relation betrug in Westdeutschland 40,0 %, in Großbritannien 30,2 % und in den USA 37,0 %!

Absolute und relative Verelendung

Das Hauptmittel der Monopole zur Sicherung ihrer Maximalprofite ist die Ausbeutung, Ruinierung und Verelendung der Bevölkerung des eigenen Landes und ganz besonders der Arbeiterklasse. Das kommt vor allem darin zum Ausdruck, daß den westdeutschen Arbeitern eine immer größere Arbeitsleistung abgefordert wird. Von allen wichtigen kapitalistischen Ländern, mit Ausnahme Italiens und Japans, ist die Leistung des einzelnen Arbeiters von 1950 bis 1955 in Westdeutschland am stärksten gestiegen.

Eines der Mittel, die Arbeitsleistung zu erhöhen, war auch in Westdeutschland die Verlängerung der Arbeitszeit. Obgleich die 48-Stunden-Woche gesetzlich festgelegt ist, betrug die wöchentliche Durchschnittsarbeitszeit aller männlichen Arbeiter im August 1955 bereits 49,8 Stunden. In einzelnen Industrien, wie in der Bekleidungs- und Schuhindustrie, wurde dabei verkürzt gearbeitet, in anderen dagegen, wie in der Eisen- und Stahlindustrie, der Industrie der Steine und Erden, der Papier erzeugenden und verarbeitenden oder der Brauindustrie, wurden durchschnittlich 51,5, 52 und sogar 55,5 Stunden gearbeitet. In einzelnen Betrieben lag die Arbeitszeit weit über dem Durchschnitt und stieg bis auf 60 und 70 Stunden und darüber an.

Der Verlängerung des Arbeitstages sind jedoch relativ enge physische Grenzen gesetzt, ganz besonders in Westdeutschland, wo die Erschöpfung der Nerven und des Körpers so weit fortgeschritten ist, daß viele Arbeiter und Arbeiterinnen selbst die in der normalen

Arbeitszeit an sie gestellten Anforderungen nicht mehr zu erfüllen vermögen.

Obwohl die Verlängerung der Arbeitszeit immer noch weitergeht, ist die zunehmende Intensivierung der Arbeit heute in Westdeutschland die bevorzugte Methode zur Verschärfung der Ausbeutung, zur Erhöhung der Leistung geworden.

Eine große Zahl zentraler Organisationen mit zahlreichen Untergliederungen beschäftigt sich ständig mit den Fragen der sogenannten Rationalisierung, wobei diese Art von „Rationalisierung" ausdrücklich nicht die Einführung neuer Maschinen und einer neuen Technik beinhaltet. Diese gesamte Tätigkeit wird in der „Produktivitätszentrale" koordiniert und im einzelnen von solchen Organen wie dem „Rationalisierungskuratorium der Deutschen Wirtschaft", dem „Verband für Arbeitsstudien REFA" und anderen abgewickelt.

Eines der wichtigsten Mittel zur Intensivierung der Arbeit war und ist immer noch der beschleunigte Übergang vom Stunden- zum Akkordlohn, dem dann die Anwendung der „Akkordschere", das heißt die Verringerung der Akkord-Vorgabezeiten folgt. Es gibt heute in den wichtigeren westdeutschen Betrieben kaum noch eine Arbeit, sei es in der Produktion, im Transport, im Lager oder im Versand, die nicht nach einer Form des Akkordlohns bezahlt wird. Nicht nur die Produktionsmenge, sondern die Qualität, die Wartung der Betriebsanlagen und Werkzeuge, die Einsparung von Werk- und Hilfsstoffen und anderes wird nach REFA-Methoden in Akkordsysteme eingegliedert.

Neben den Akkordsystemen spielt die Einführung zahlreicher organisatorischer und kleiner technischer Veränderungen, die der weiteren Intensivierung der Arbeit dienen, in den Betrieben eine bedeutende Rolle. Einen wichtigen Platz nimmt hier die Einführung des Fließbandes nicht nur in der Produktion, sondern in Bürobetrieben, Verwaltungen, Waren- und Versandhäusern usw. ein. Gleichzeitig wird jedoch in einzelnen Betrieben und Industriezweigen das Fließbandsystem als „leistungshemmend" abgeschafft und durch noch raffiniertere individuelle Mittel der Intensivierung der Arbeit ersetzt.

Unter dem Schlagwort der „physiologischen Anpassung des Arbeitsplatzes" wird selbst bei einfachen Arbeiten und einfachen Maschinen eine so enge Verbindung zwischen dem Arbeiter und der Maschine hergestellt, daß der Mensch geradezu zu einem Teil der Maschine wird. Dadurch wird ein pausenloses Arbeiten erzwungen, das dem Arbeiter kaum noch die Zeit zum Atmen läßt.

Alle solche Maßnahmen zusammen mit den Ergebnissen der Einführung neuer technischer Prozesse, die die Intensität der Arbeit ebenfalls erhöhen, zwingen die Arbeiter, nach Wegen zu suchen, um sich etwas mehr Atemfreiheit zu verschaffen. So entstehen weitere Verbesserungen des Arbeitsprozesses oder der Arbeitsorganisation, die sich in einer Erhöhung der Produktion auswirken, und die sich die Monopole aneignen. Sie versuchen daher, die Arbeiter zu ständigen Verbesserungen und Verbesserungsvorschlägen anzuregen. In allen größeren Betrieben gibt es Abteilungen, die solche Vorschläge auswerten. Sie veröffentlichen „Vorschlagsfibeln" und zahlen sogar Prämien, die sich meistens aus einer „Anerkennungsprämie" in Höhe von 10 bis 150 Mark und einer „Ersparnisprämie" zusammensetzen. Mit solchen demagogischen Mitteln, die den Monopolen ein Vielfaches des Betrages einbringen, den sie den Arbeitern auszahlen, wobei sie häufig die Arbeiter um patentreife Erfindungen prellen, mit Hilfe all der vielfältigen Rationalisierungsmethoden haben die Monopole die individuelle Arbeitsleistung in einem unerhörten Ausmaß erhöht.

Bis zum Ende des Jahres 1954 veröffentlichte das Statistische Bundesamt noch eine Statistik der stündlichen Arbeitsleistung im Vergleich zum Jahre 1936. Da der Vergleich dieser Statistik mit der Lohnstatistik die relative Verelendung der Arbeiterklasse besonders anschaulich zeigt und von fortschrittlichen Gewerkschaftern zur Begründung von Lohnforderungen der Arbeiter benutzt wurde, stellte das Statistische Amt die regelmäßige Veröffentlichung ein. Das Deutsche Wirtschaftsinstitut hat es sich deshalb zur Aufgabe gemacht, diese Statistik weiter zu berechnen.

Die Berechnung ergibt, daß die arbeitsstündliche Leistung im Durchschnitt der gesamten Industrie ohne Energieerzeugung und Bauindustrie im III. Quartal 1955 um 31 % über dem Stand von 1936 und um rund 8 % über dem entsprechenden Quartal 1954 lag. Am stärksten über dem Stand von 1936 lag die Leistung in der elektrotechnischen Industrie mit 33 %, im Fahrzeugbau mit 58 % und in der chemischen Industrie mit 74 %. Selbst in der Textilindustrie war die Leistung im III. Quartal 1955 um 18 % höher als 1936. Die letzten fünf bis sechs Jahre, besonders aber das Jahr 1955, waren also durch eine bedeutende Erhöhung der individuellen Arbeitsleistung gekennzeichnet.

Die Ausbeutung der westdeutschen Arbeiter mit Hilfe der geschilderten vielfältigen Rationalisierungsmaßnahmen wurde durch eine umfassende soziale Demagogie gefördert, die unmittelbar bei der faschistischen Phraseologie von der Klassenharmonie anknüpft. An die Stelle des faschistischen Begriffs der „Volksgemeinschaft" wurde der Begriff der „Sozialpartnerschaft" gesetzt. Arbeiter und Unternehmer sind nach der demagogischen Terminologie der westdeutschen Monopole nicht mehr Klassengegner, die sich in hartem Ringen gegenüberstehen, sondern „Partner in einem gemeinsamen sozialen Streben". Die Monopole fürchten den Klassenkampf der Arbeiter und möchten sie durch die Proklamierung eines einseitigen „sozialen Friedens" entwaffnen, während sie selbst den Klassenkampf mit allen ihnen zu Gebote stehenden Mitteln führen.

Diesen Zielen dienen die sogenannte „Betriebspsychologie", die besonderen Abteilungen für „human relations", die die Aufgabe haben, ein „gesundes Betriebsklima" zu schaffen und viele andere von den amerikanischen Monopolen übernommene Maßnahmen. Vor allem aber haben die verschiedenen Lohn- und Verdienstsysteme den Zweck, den Charakter des Arbeitslohns und der kapitalistischen Produktionsverhältnisse zu verschleiern. Überdies soll den Arbeitern mit diesen Mitteln weisgemacht werden, daß sie selbst an der Erhöhung der Produktion und an der Steigerung ihrer eigenen Leistung unmittelbar interessiert und beteiligt sind.

Die zu diesem Zweck in Westdeutschland vornehmlich angewandte Methode ist die Arbeitsplatzbewertung. Alle erforderlichen Tätigkeiten jedes vorhandenen Arbeitsplatzes werden aufgenommen und in einer „Arbeitsplatzbeschreibung" zusammengefaßt. Danach erfolgt die „Bewertung" der Arbeitsplätze. In den „Buderus Werksnachrichten", die von der Buderus'sche Eisenwerke, Wetzlar, herausgegeben werden, wurde zur Einführung der Arbeitsplatzbewertung gesagt:

> „Das Ziel der Arbeitsbewertung ist lediglich: Eine wesentliche Verbesserung der Lohngerechtigkeit und eine vertiefte Lohnordnung." [1])

Es geht den Monopolen in erster Linie darum, bei den Arbeitern die Illusion vom „gerechten Lohn" zu erwecken. Das ist das gleiche, ob die Arbeitsbewertung nach der „Katalogmethode" oder nach der „analytischen Methode" vorgenommen wird. Bei der analytischen Methode versprechen sich die Monopolisten noch eine tiefere demagogische Wirkung, weil sie scheinbar solche Faktoren wie Fachkenntnisse, körperliche Geschicklichkeit, Muskelarbeit, Aufmerksam-

[1]) Buderus Werksnachrichten, Wetzlar, Nr. 3/1951.

keit, Gefährlichkeit, Verantwortung usw. in die „Lohnberechnung“ einbezieht.

Die Arbeitsplatzbewertung wird nicht nur für die Arbeiter in der Produktion, sondern auch für alle anderen Tätigkeiten und in wachsendem Umfang auch für Angestelltentätigkeit angewandt. Ein Ergebnis der Arbeitsplatzbewertung ist, neben den bereits erwähnten Resultaten, eine immer stärkere Differenzierung der Entlohnung der einzelnen Arbeiter und Angestellten. Konnte sich der Arbeiter im normalen Zeit- oder Stücklohn seinen Lohn selbst errechnen, so ist bei den komplizierten Punktsystemen der Arbeitsplatzbewertung schon beinahe die Kenntnis der höheren Mathematik Voraussetzung für die Lohnberechnung. Im Werk Huckingen der Mannesmann AG zum Beispiel gibt es bei ungefähr 5 000 Belegschaftsmitgliedern über 1 000 Lohnberechnungsarten. Ein Kampf für gemeinsame Forderungen aller Arbeiter eines Betriebes oder gar einer ganzen Industrie soll dadurch immer weiter erschwert werden.

Die Arbeitsplatzbewertung ist nicht die einzige Methode, den Charakter des Arbeitslohnes zu verschleiern und die Arbeiter demagogisch zu höheren Leistungen anzureizen. Eine ganze Reihe von weiteren Methoden ist zu diesem Zweck erfunden worden.

Eine solche Methode ist das sogenannte „Erfolgsanteil-System“, das in allen seinen Varianten auf dem amerikanischen „Rucker-Plan“ beruht. Diese Systeme täuschen die „Herstellung einer mathematischen Beziehung zwischen der Mehrleistung der Belegschaft und ihrem Ertragsanteil“ vor. Sie werden in einzelnen Betrieben als „Gewinnbeteiligung“, in anderen als „Prämiensystem“ bezeichnet. Wie weit die Demagogie der Unternehmer geht und welche Zwecke sie verfolgt, geht in geradezu klassischer Form aus den Auslassungen GERT SPINDLERS, eines bekannten westdeutschen Unternehmers, des Inhabers der Spindler-Werke hervor:

> „Ich glaube nicht, daß man den Faktor Arbeit als mit Lohn- und Sozialleistungen abgefunden bezeichnen kann, denn nur so konnte sich das Vermögen einseitig auf der Seite des Kapitals ansammeln. Ich glaube deshalb, daß man die Arbeitsleistung der Mitarbeiter als eine Einlage ansehen muß, die mit der des Kapitals vergleichbar ist. Die Frage der Aufschlüsselung ist sicher das große ungelöste Problem, aber zugleich eine Frage betriebswirtschaftlicher Untersuchung. *Das Miteigentum,* wenn es auf der Basis genauer Errechnungen des Leistungsumfanges der einzelnen Faktoren zustande

> kommt, ist eine *viel klarere* und von allen Beteiligten *als endgültig und gerecht* empfundene Lösung." [1])

Es gibt gegenwärtig in Westdeutschland etwa 400 verschiedene Systeme der „Gewinnbeteiligung". Bei allen diesen Systemen wird der „Gewinnanteil" selbstverständlich nach Abzug der Akkumulationsfonds, des „Unternehmerlohns" und der Dividende berechnet. Die tatsächlich zur Verteilung kommenden Beträge stellen nichts anderes dar als einen geringen Teil des einbehaltenen Lohns und sind selbst in den günstigsten Fällen äußerst niedrig.

In den Farbenfabriken Bayer AG, Leverkusen, zum Beispiel, einem der wichtigsten Werke der IG Farben, wird eine „Jahresprämie" an alle Arbeiter und Angestellten gezahlt, die einen monatlichen Bruttoverdienst bis zu 750 Mark haben und die mindestens ein Jahr im Betrieb sind. Die Prämie setzt sich zusammen aus 50 % des durchschnittlichen Monatsverdienstes des betreffenden Jahres und einer zusätzlichen „Treueprämie" entsprechend den „Dienstjahren". Ein Arbeiter, der den verhältnismäßig hohen durchschnittlichen Monatsverdienst von 400 Mark hatte und fünf Jahre im Betrieb war, erhielt eine Jahresprämie von knapp 240 Mark.

Viele Betriebe zahlen die Jahresprämie nicht einmal bar aus, sondern zahlen sie auf betriebliche Sparkonten ein oder räumen das Recht ein, für einen Teil der Prämie „Mitarbeiteraktien" zu erwerben, die für eine bestimmte Zeit unveräußerlich sind. Die Arbeiter werden auf diese Art gezwungen, einen Teil ihres Arbeitslohnes – denn nur darum handelt es sich bei allen Formen der „Gewinnbeteiligung", auch wenn seine Erscheinungsform abgewandelt ist – dem Unternehmer als Kapital zur Verfügung zu stellen. Das wird von den Monopolen heute schon ganz unverblümt gefordert. So sagt zum Beispiel Dr. WILFRIED SCHREIBER vom Bund Katholischer Unternehmer:

> „Bei der heutigen Einkommensverteilung, die sich mehr und mehr zugunsten der Arbeit und zu ungunsten des Kapitals verschiebt, ist es unerläßlich, daß auch der Arbeitnehmer kraft seines steigenden Realeinkommens einen wachsenden Anteil der Last der volkswirtschaftlichen Kapitalbildung auf seine Schultern nimmt." [2])

Ohne uns hier im einzelnen mit der Lüge von der angeblichen Einkommensverteilung „zugunsten der Arbeit" auseinanderzusetzen, sei

---

[1]) GERT P. SPINDLER in „Die Aussprache", Bonn, Nr. 7, Juli 1954, S. 102 (Hervorhebungen im Original).

[2]) Der Arbeitgeber, Düsseldorf, Nr. 12 vom 15. Juni 1953, S. 517 ff.

hier nur vermerkt, daß die Monopolisten den Arbeiter in Westdeutschland tatsächlich schon für die Bereitstellung des Kapitals verantwortlich machen möchten.

Zu den Mitteln der Täuschung und Irreführung der Arbeiter gehören auch die sogenannten „freiwilligen Sozialleistungen" der Monopole, die in umfangreichen „Sozialberichten" der Arbeitsdirektoren in den Betrieben popularisiert werden. Diese „Sozialleistungen" bestehen in angeblichen Vergünstigungen, die vorwiegend an bestimmte bevorzugte Arbeiterkategorien gegeben werden, in Ausgaben für Arbeitsschutzmaßnahmen, die in Wirklichkeit gesetzlich vorgeschrieben sind und den Werken selbst zugute kommen sowie vor allem in den Ausgaben für den Werkswohnungsbau. Alle diese „Sozialleistungen" können von den Steuerleistungen der Betriebe abgesetzt werden und bedeuten daher, wenn überhaupt, so nur eine geringfügige zusätzliche Ausgabe. Sie bringen aber einen vielfachen Gewinn durch die demagogische Wirkung, die sie ausüben.

Eine Reihe von Unternehmen zeichnet beispielsweise im Rahmen der „freiwilligen Sozialleistungen" sogenannte „Bestarbeiter" aus und versucht, sich so durch eine geringfügige Bestechungssumme eine treu ergebene Arbeitergruppe im Betrieb zu schaffen. Die MAN teilte zum Beispiel mit:

> „Wir haben beschlossen, bestqualifizierte Facharbeiter, die sich durch hervorragende Leistungen um die MAN besonders verdient gemacht haben, zu fördern."

Als Bedingung wird gestellt, daß die betreffenden Arbeiter mindestens 40 Jahre alt und mindestens 15 Jahre im Werk sein müssen, und daß sie über „meisterliches Können und ausgeprägtes verantwortungsvolles Handelns gegenüber Menschen und Material verfügen müssen. Die Vergünstigungen, die ihnen gewährt werden, bestehen in Zulagen, die ihren Lohn dem Angestellten-Tarif angleichen; in der Gewährung des vollen Verdienstes bei Krankheit bis zu sechs Wochen; und in einer kleinen zusätzlichen Unterstützung zur Altersrente beim Ausscheiden aus dem Produktionsprozeß. Auf dem 1. Kongreß der „Gesellschaft für arbeitswissenschaftliche Forschung" im März 1954 wurde im Hinblick auf solche Methoden festgestellt:

> „Dieser Appell an das Verantwortungsbewußtsein hat die ‚Solidarität', eine starke Macht im Betriebe, mit der man rechnen muß, gebrochen. Es wurde eine Elite herausgeschält..." [1])

---

[1]) Zentralblatt für Arbeitswissenschaft und soziale Berufs-Praxis, Lüneburg, Heft 11 B, November 1954, S. 199.

Es geht den Monopolen also darum, die Klassensolidarität der Arbeiter zu vernichten und eine „Elite", das heißt eine neue Arbeiteraristokratie zu schaffen. Aber auch die bereits verbrauchten Arbeiter, die 15 oder 20 Jahre lang den Monopolen ihre Kraft und ihre Gesundheit geopfert haben, werden dazu ausgenutzt, eine dem Kapital ergebene Arbeiterschicht zu schaffen. In den Deutschen Edelstahlwerken AG, Krefeld, zum Beispiel wurde ein „Lohnausgleich für bewährte Belegschaftsmitglieder" eingeführt, „die auf Grund natürlichen körperlichen Verschleißes an einen niedriger bezahlten Arbeitsplatz versetzt werden müssen". Wer in den letzten 15 Jahren in dem gleichen Betrieb „schwerste körperliche Warmarbeit" oder in den letzten 20 Jahren „schwerste Kaltarbeit oder schwere Warmarbeit" geleistet hat, erhält eine geringfügige Aufbesserung des Lohnes, die ihn über den „natürlichen körperlichen Verschleiß" im Dienste des Monopolkapitals hinwegtrösten und zu einem treuen Verteidiger „seines" Monopols machen soll.

Auch der mit viel Reklame als „soziale Leistung" verkündete Werkswohnungsbau ist in Wirklichkeit eine äußerst einträgliche Form „sozialer Leistungen" der Monopole. In der Tat ist in den letzten Jahren in Westdeutschland eine große Zahl von Werkswohnungen gebaut worden. Dazu zwang vor allem die überaus große Wohnungsnot, die durch die Zerstörungen der Kriegszeit und durch den Zuzug von mehreren Millionen Umsiedlern und Flüchtlingen in die Industriegebiete entstanden war. Der Werkswohnungsbau sicherte den Monopolen, besonders dem Bergbau und der eisenschaffenden Industrie einen festen Arbeiterstamm, den sie dringend brauchten.

Die Ausgaben für den Wohnungsbau zogen bedeutende Steuervergünstigungen und zusätzliche staatliche Kredite nach sich. Da die Mieten für die Werkswohnungen keineswegs gering sind, erwiesen sich diese Ausgaben als durchaus profitable Investitionen. Der Werkswohnungsbau beruhte auf der Überlegung, daß Arbeiter, die auf eine Werkswohnung angewiesen sind, sich viel schwerer dazu entschließen, Lohnforderungen zu stellen oder gar durch den Streik zu erzwingen und damit ihre Wohnung aufs Spiel zu setzen als Arbeiter, die mit ihrer Wohnung nicht auf die Gnade und Ungnade des Betriebes angewiesen sind. Der Bau von Werkswohnungen war also in jeder Hinsicht für die Monopole von großem Vorteil.

Neben den Werkswohnungen, die teilweise auch von „Baugenossenschaften" der Werke errichtet wurden, spielen besonders im Bergbau aber auch in anderen Industrien die „Arbeiterwohnheime" eine immer größere Rolle. So hat zum Beispiel die Bergwerksgesellschaft Hibernia Bergarbeiterwohnheime für mehr als 2 500 Personen und Lehrlingswohnheime mit fast 2 000 Plätzen eingerichtet. Die Arbeiter geraten durch solche Maßnahmen in eine immer drückendere Abhängigkeit von den Monopolen.

All die vielfältigen Methoden der Rationalisierung und der Antreiberei verbunden mit den „Anreizlöhnen" und der sozialen Demagogie haben zu der von uns festgestellten enormen Leistungserhöhung geführt. Es ergibt sich daraus die Frage, welchen Anteil die Arbeiterklasse an der erhöhten Produktion und Arbeitsleistung hatte?

Die Industrie hatte im Monatsdurchschnitt Januar bis September 1955 ihren Umsatz gegenüber 1950 um 103 % erhöht, ihre Lohnkosten stiegen aber nur um 83 % an. Der Anteil der Lohnkosten am Umsatz betrug 1950 noch 14,7 %, 1955 nur noch 13,2 %. Diese Zahlen bestätigen die Verschlechterung der relativen Position der westdeutschen Werktätigen.

Diesem Rückgang des Lohnanteils stehen gewaltig wachsende Profite der Monopole gegenüber, die mit den üblichen Mitteln des Bilanzschwindels verschleiert und in riesigen Rücklagen und Abschreibungen versteckt werden. Einige Anzeichen lassen uns jedoch die wahre Höhe der Profite ahnen.

Die Dividenden stellen gewissermaßen ein Symbol der Profite dar. Im Jahre 1951 zahlten 49,5 % der Aktiengesellschaften keine Dividende, 1955 waren es nur noch 24,9 %. Eine Dividende von mehr als 5 % zahlten 1951 nur 26,1 % aller Gesellschaften, 1955 waren es 65,4 %.

Aufschlußreicher als die Dividenden sind die Aktienkurse. Der Kursdurchschnitt aller Aktien hat sich von 1950 bis 1955 um 265 % erhöht. Das bedeutet, daß die Aktienbesitzer in diesen Jahren Kursgewinne von rund 30 Milliarden Mark eingesteckt haben. Besonders hoch liegen die Kurse der wichtigsten Rüstungsmonopole wie der Rheinischen Stahlwerke mit 280 % ihres Nominalwertes, des Siemens-Konzerns mit 270, der Bayer-Werke mit 266 und der Cassella-Werke mit 388 %.

In der AEG zum Beispiel haben sich die Ausgaben für Löhne und Gehälter einschließlich der Direktorengehälter von 1951/52 bis 1953/54 bei bedeutend gestiegener Beschäftigtenzahl um 32 % erhöht. Die nachweisbaren Profite, die natürlich nicht mit den viel größeren wirklichen Profiten übereinstimmen, haben in der gleichen Zeit um rund 80 % zugenommen. In der Badischen Anilin- und Soda-Fabrik, Ludwigshafen, sind die gesamten Personalkosten von 1952 bis 1954 um 22 % gestiegen, die nachweisbaren Profite aber um 113 %.

Die Verschlechterung der relativen Lage, die ständige Verringerung des Anteils der Arbeiter am Nationaleinkommen ist zu offensichtlich, als daß sie geleugnet werden könnte. Um so mehr steht gerade die Frage der absoluten Lage, der absoluten Verelendung im Brennpunkt der Angriffe der Apologeten des Monopolkapitals. Es gilt deshalb, besonders in dieser Frage Klarheit zu schaffen.

Für die bürgerlichen Nationalökonomen existiert die absolute Verelendung nicht und auch die sozialdemokratischen Wirtschaftler leugnen sie im allgemeinen. Mit dem Hinweis auf die gestiegene Kaufkraft der Durchschnittslöhne der Industriearbeiter, auf die Zahl der Motorräder, Mopeds, Radioapparate und andere von den Arbeitern benutzte „Errungenschaften der Technik" möchten sie die fortschreitende absolute Verelendung aus der Welt diskutieren. Die Behauptungen der bürgerlichen und sozialdemokratischen Ökonomen und Politiker werden von vielen Arbeitern geglaubt, weil die wichtigsten Erscheinungen der absoluten Verelendung nicht so leicht erkennbar sind. Viele fortschrittliche Arbeiterfunktionäre und Gewerkschafter erschweren die Erkenntnis der wirklichen Lage noch dadurch, daß sie die Kaufkraftentwicklung und die absolute Lage gleichsetzen, daß sie die schwerwiegenden übrigen Faktoren der absoluten Lage übersehen und dadurch ungewollt eine gewisse Verwirrung anrichten. In Wirklichkeit schließt das Gesetz der absoluten Verelendung keineswegs eine zeitweise Erhöhung der Kaufkraft der Arbeiterlöhne aus.

Seit dem Bestehen des Bonner Staates hat sich die absolute Lage der westdeutschen Arbeiter entscheidend verschlechtert, ganz zu schweigen von der Verschlechterung, die gegenüber der Vorkriegszeit oder seit dem Jahre 1929 eingetreten ist. Die absolute Verelendung der Arbeiter tritt nicht in der Kaufkraftentwicklung von Lohntag zu Lohntag oder von Jahr zu Jahr in Erscheinung. Zur Einschätzung der absoluten Lage der Arbeiter gehört eine Reihe von Faktoren, die im einzelnen untersucht werden müssen:

Dazu gehören die Länge des Arbeitstages und der Grad der Intensität der Arbeit. Wie wir bereits sahen, ist sowohl die Arbeitszeit wie die Intensität der Arbeit bedeutend gestiegen. Von beiden aber hängt die Menge der Subsistenzmittel ab, die der Arbeiter zur Wiederherstellung der Arbeitskraft braucht. Trotz der bedeutend höheren Leistung verbraucht der westdeutsche Arbeiter heute weniger an Hauptnahrungsmitteln als vor dem Kriege, und zwar um 17 % weniger Mehlerzeugnisse, um 8 % weniger Kartoffeln, um 17 % weniger Fleisch, um 7 % weniger Milch und um fast 20 % weniger Butter. Diese Zahlen, die aus der Bonner Statistik stammen und die Lage in Wirklichkeit noch beschönigen, zeigen den Grad der Verschlechterung der absoluten Lage der Arbeiter.

Weiter gehört dazu die Sicherheit oder Unsicherheit des Arbeitsplatzes, die immer wiederkehrenden Perioden der Arbeitslosigkeit und die damit verbundenen großen Verdienstausfälle. In den Jahren 1950 bis 1955 gab es in Westdeutschland jährlich durchschnittlich 1,3 Millionen registrierte Erwerbslose, zu denen weitere 1,5 Millionen nicht registrierte Arbeitslose hinzugerechnet werden müssen. Jeder westdeutsche Arbeiter weiß, daß schon morgen, bei der kleinsten Konjunkturveränderung sein Arbeitsplatz in Frage gestellt sein kann, wie heute derjenige vieler Arbeiter der Automobilindustrie, der elektrotechnischen Industrie und anderer.

Ein anderer Faktor ist die Häufigkeit von Betriebsunfällen und Berufskrankheiten, die den Arbeitern drohen, die sie auf lange Zeit oder gar für immer arbeitsunfähig machen. Das gesteigerte Hetztempo in den westdeutschen Betrieben hat zu einem noch schnelleren Anstieg der Unfälle und Berufskrankheiten geführt. Der Erhöhung der arbeitsstündlichen Leistung um rund 29 % von 1950 bis 1954 steht eine Zunahme der Unfälle und Berufskrankheiten je 1 000 Versicherte um 41 % gegenüber. Im Jahre 1950 kamen auf 100 Arbeiter 9,3 Unfälle, 1954 waren es bereits 13,2 Unfälle. Hatte im Jahre 1950 nur etwa jeder zehnte bis elfte Arbeiter einen Unfall, so war es 1954 schon jeder siebente bis achte. Auch die Zahl der tödlichen Unfälle sowie der Berufskrankheiten ist stark angestiegen.

Infolge der durch die Arbeitshetze eingetretenen allgemeinen Erschöpfung steigt die Krankheitshäufigkeit immer schneller an, worin sich eine weitere Erscheinung der absoluten Verelendung ausdrückt. Von 1950 bis 1953 stiegen die Krankheitsfälle je 100 Krankenkassenmitglieder von 52 auf 57, das heißt um rund 10 % an. Am stärksten steigen gerade die Erschöpfungskrankheiten wie Herz- und Kreislaufstörungen.

Ein weiterer Faktor ist, daß als Folge des körperlichen Verschleißes die Arbeitsfähigkeit der Werktätigen viel frühzeitiger verfällt als in früheren Perioden. Es fehlen uns zwar die neuesten Zahlenangaben, aber die Tendenz der Entwicklung geht auch aus dem vorliegenden Material eindeutig hervor. Im Jahre 1937 nahmen nur 51 % aller neu hinzukommenden Rentner die Rente vor dem 65. Lebensjahr in Anspruch, im Jahre 1952 waren es schon fast 71 %. 1937 wurden nur 19,5 % der Neu-Rentner vor der Erreichung des 55. Lebensjahres invalidisiert, 1952 waren es schon 29,5 %. Diese Zahlen zeigen, in welchem Ausmaß das Berufsleben der Arbeiter durch die verschärfte Ausbeutung verkürzt und damit ihre absolute Lage entscheidend verschlechtert wird.

Schließlich aber verkürzt die Arbeitshetze nicht nur das Berufsleben, sondern das gesamte Leben der Arbeiter. Die Sterblichkeit war in Westdeutschland in jedem der folgenden Jahre höher als 1950 und hat wahrscheinlich 1955 einen neuen Höhepunkt erreicht. Die Statistik der Todesursachen zeigt ein schnelles Ansteigen aller auf die ständige physische und nervliche Überbelastung zurückzuführenden Krankheiten, die das mörderische Arbeitstempo hervorruft. Auf je 10 000 der Bevölkerung berechnet, stiegen von 1938 bis 1953 als Todesursachen Gehirnblutungen bei den Männern um 36 %, bei den Frauen um 40 %; Herzkrankheiten bei den Männern um 43 %, bei den Frauen um 15 %; alle übrigen Krankheiten des Kreislaufapparates als Todesursache stiegen bei den Männern um 8 %, bei den Frauen ebenfalls um 8 %. Die Altersschwäche als Todesursache dagegen ging zurück. Ein Zyniker sah sich kürzlich zu der Feststellung veranlaßt, daß die verschärfte Ausbeutung die westdeutschen Werktätigen vor dem Tod durch Altersschwäche rettet.

Alle diese Faktoren, zu denen noch die steigenden Kosten und die sinkenden Möglichkeiten der Jugenderziehung, die politische Entrechtung der Werktätigen und vieles andere hinzukommen, beweisen die ständige außerordentliche Verschlechterung der absoluten Lage der Arbeiterklasse.

Was bedeutet gegenüber diesen Zahlen und Tatsachen die geringe Erhöhung der Kaufkraft der Stundenverdienste der Industriearbeiter, die niemals freiwillig gewährt, sondern von den Arbeitern durch harte und opferreiche Streiks und Lohnbewegungen Schritt für Schritt erkämpft werden mußte, die überdies durch die lange Überstundenarbeit und durch den gefälschten Index der Lebenshaltungskosten bedeutend überhöht erscheint. Die erzielten Lohnerhöhungen haben, wie die angeführten Tatsachen beweisen, bei weitem nicht ausgereicht, den Folgen der absoluten Verelendung entgegenzuwirken. Wenn man bedenkt, daß die Löhne 1950 noch unter ihrem vom Faschismus auf das Niveau der Krisenjahre 1932/33 gedrückten realen Wert lagen, dann wird klar, daß der Kampf um ihre Erhöhung für die Arbeiterklasse eine unmittelbare Lebensfrage war.

Die überwältigende Mehrheit der Arbeiterklasse war nach den Entbehrungen und Leiden der Kriegs- und Nachkriegsjahre geschwächt und unterernährt. Millionen von Arbeitern waren ohne eigene menschenwürdige Wohnung, ermangelten des notdürftigsten

Hausrats und vegetierten in Baracken und Notwohnungen. Millionen hatten ihr gesamtes Hab und Gut verloren, waren ohne die geringste Reserve an Kleidung und Wäsche und besaßen faktisch nur, was sie am Leibe trugen. Der Kampf der Arbeiterklasse um höhere Löhne hat die Absicht der Monopolisten zunichte gemacht, das Hunger- und Elendsniveau der unmittelbaren Nachkriegsjahre aufrechtzuerhalten.

Bei der Betrachtung der absoluten Lage der Arbeiterklasse kann man auch nicht davon absehen, daß die gegenwärtige Jugend einen blutigen Weltkrieg und die Generation der über Vierzigjährigen sogar zwei solcher Kriege hinter sich hat, die all das Elend, Unterernährung und Verlust der persönlichen Habe mit sich brachten. Man kann auch nicht davon absehen, daß die Adenauer-Regierung daran geht, die Jugend Westdeutschlands in eine neue Wehrmacht zur Vorbereitung eines dritten Weltkrieges zu pressen. Wenn die Arbeiter Westdeutschlands der fortschreitenden Verelendung Einhalt gebieten wollen, wenn sie eine noch vielmal schlimmere Verschlechterung ihrer Lage verhindern wollen, dann müssen sie den Kampf um die Verteidigung ihres Lebensstandards und gegen die Absichten der Adenauer-Regierung entschlossen verstärken.

Die Militarisierung der Wirtschaft

Der Kampf gegen die Remilitarisierung wird um so dringender, als sie sich bereits in vollem Gange befindet. Die westdeutschen Monopole, die die Ausbeutung der Werktätigen aufs äußerste gesteigert haben, die die werktätigen Bauern und die städtischen Mittelschichten einer immer brutaleren Ausplünderung und Ruinierung unterwerfen, sehen in der Militarisierung das geeignete Mittel, um ihre Profite noch weiter zu erhöhen.

Die Struktur der „wehrwirtschaftlichen" Organisation Westdeutschlands ist im wesentlichen errichtet. Neben dem Kriegsministerium BLANKs hat das Bonner Kabinett ein „Verteidigungsamt", eine Art von Kriegskabinett geschaffen, dem ein besonderer „Ausschuß für wirtschaftliche Fragen der Verteidigung", eine Neuauflage des „Amtes für wehrwirtschaftliche Planung" zur Seite steht. Der Bundesverband der Industrie hat ein besonderes Referat und einen Ausschuß für „Wehrwirtschaftsfragen" geschaffen. Entsprechende Einrichtungen gibt es in allen wichtigen, dem Bundesverband angeschlossenen Unternehmerverbänden. Die Tätigkeit all dieser Gremien einschließlich der Auftragsstellen des Kriegsministeriums wird in dem bei der Regierung gebildeten Ausschuß koordiniert.

Die ersten Rüstungsaufträge für die neue Wehrmacht sind in den letzten Wochen offiziell vergeben worden. Dabei handelt es sich um die Uniformierung der ersten 20 000 Mann, um ihr Bettzeug, um die Instandsetzungsarbeiten für die ersten Kasernen, um die verschiedensten Typen von Nachrichten- und Radargeräten, um leichte Waffen und Fahrzeuge, insbesondere Jeeps, Omnibusse und Lastkraftwagen. Natürlich sind diese ersten Aufträge mehr oder weniger experimenteller Natur. Das Funktionieren der Rüstungswirtschaft soll zunächst an relativ kleinen Objekten erprobt werden.

Viel wichtiger ist heute noch die Vorbereitung der Aufrüstung in großem Umfang, die Ausrüstung der entsprechenden Werke mit den notwendigen Werkzeugmaschinen, die Erweiterung der Kapazitäten auf einer Reihe von Gebieten und die Vorbereitungen für die Massenproduktion. Die Kurve der Industrieproduktion zeigt fast genau dieselben Eigenheiten wie in der Periode der faschistischen Aufrüstung. Die Investitionsgüter-, Produktionsgüter- und Grundstoffindustrien sind in einem atemberaubenden Tempo gestiegen, die Verbrauchsgüterindustrien sind außerordentlich zurückgeblieben. Von 1950 bis 1955 hat sich die Produktion einzelner Industrien folgendermaßen erhöht:

Industriezweig	*Erhöhung in v. H.*
Leichtmetallerzeugung	395
Fahrzeugbau	177
Elektroindustrie	142
Maschinenbau	107
Chemieindustrie	91
Eisen und Stahl	75
Schuhindustrie	40
Textilindustrie	35
Lederindustrie	13

Dabei ist zu bemerken, daß auch in der Schuh- und Textilindustrie bereits die Erzeugung für die ersten Wehrmachtsaufträge begonnen hat, die bis zum 31. März dieses Jahres ausgeliefert werden sollen.

Während noch vor einem halben Jahr die Rede davon war, daß der weit überwiegende Teil der Bewaffnung der Bonner Wehrmacht aus dem Ausland kommen sollte, steht heute fest, daß neben amerikanischen Lieferungen der größte Teil in Westdeutschland erzeugt werden soll. Charakteristisch ist der Aufbau der westdeutschen Flugzeugindustrie.

Die zahlreichen faschistischen Flugzeughersteller haben sich in einem straffen Konzentrationsprozeß zu vier Gruppen zusammengeschlossen: Die Flugzeugbau Nord GmbH, an der die Finanz- und Verwaltungsgesellschaft Weser mbH beteiligt ist, die KRUPP gehört (vor gar nicht allzu langer Zeit erklärte KRUPP noch, daß er sich nie wieder mit Rüstung beschäftigen würde), die Siebel-Werke-ATG, die dem Kriegsverbrecher FLICK gehört, die Hamburger Flugzeugbau GmbH aus dem Besitz von Blohm und Voß und die Henschel & Sohn. Die zweite Gruppe besteht aus der Focke-Wulf Flugzeugbau GmbH und dem Ingenieurbüro Professor Blume. Die dritte Gruppe wird aus der Ernst Heinkel AG und der Messerschmitt AG gebildet. Die Dornier-Werke und die Daimler-Benz AG sowie die Bayrischen Motorenwerke sind die vierte Gruppe.

Wie nach dem ersten Weltkrieg haben die Spezialisten der Flugzeugindustrie ihre Typen im Ausland, vornehmlich im faschistischen Spanien, weiterentwickelt und ihre getarnte Organisation aufgebaut, wie es der Vorsitzende des Präsidialausschusses des Bundesverbandes der Luftfahrtindustrie am 25. November 1955 in Düsseldorf erklärte:

> „Aus bescheidenen Anfängen vor drei Jahren ist aus dem Verband zur Förderung der Luftfahrt, wie wir uns damals aus politischen Gründen nennen mußten, nunmehr mit dem Bundesverband der Deutschen Luftfahrtindustrie eine Organisation entstanden, die die Beachtung aller Behörden ... und vieler ausländischer und inländischer Organisationen ... findet.“ [1]

Im Jahre 1956 sollen bereits mehrere hundert Flugzeuge kleineren Typs für die Bonner Luftwaffe gebaut werden, bis 1960 hofft man, sämtliche Typen von militärischen Flugzeugen in Westdeutschland zu bauen.

Auch die Seerüstung hat bereits begonnen. Der Stab des „Ostsee-Befehlshabers“ hat in diesen Wochen seine Arbeit aufgenommen. Gerade die Struktur der Seestreitkräfte zeigt klar die Stoßrichtung der westdeutschen Angriffsarmee. Von den 21 Marinegeschwadern sollen zwei Drittel, nämlich 14 in der Ostsee stationiert sein. Davon sind zwei Landungsflottillen für Panzer, Geschütze und Truppentransporte. Offensichtlich eine seltsame „Verteidigungsarmee“ in einer Gegend, die wir bisher nicht zum Nordatlantik rechneten.

Über die Lasten, die die Aufrüstung den Werktätigen Westdeutschlands bringt, ist schon oft gesprochen worden. Der Finanzminister SCHÄFFER behauptet nach wie vor, die Aufrüstung werde nicht mehr als neun Milliarden Mark jährlich kosten, als ob diese

---

[1] Flugwelt, Wiesbaden, Heft 12, Dezember 1955, S. 623.

astronomische Summe ein Pappenstiel wäre. Die wirklichen Lasten werden jedoch weit höher sein, als SCHÄFFER sie angibt. Selbst in von der „Bundeszentrale für Heimatdienst", einem Organ der Bonner Regierung, herausgegebene Zeitschrift „Das Parlament" stellt fest:

> „Für Verteidigungs- und Besatzungsausgaben werden also zusammen rd. 12 000 Millionen DM ausgegeben. Die Verteidigungsausgaben sind aber weit höher, wenn man die vielen Posten, die nicht ausdrücklich als Rüstungsausgaben im Bundeshaushaltsplan bezeichnet sind, dazuzählt". [1])

SCHÄFFER selbst hat in seiner Haushaltsrede im Bundestag am 8. Dezember 1955 gesagt, um welche Positionen es sich dabei handelt. Er sagte, es dürfte nie vergessen werden, daß sich im westdeutschen Haushalt auch große Ausgaben, wie z. B. für die Besatzungskosten von Westberlin, für die Versorgung früherer Wehrmachtsangehöriger, für Bereitschaftspolizei, Grenzschutz usw., befänden, die Rüstungsausgaben darstellten. Wir können ergänzen, daß der erhebliche Ausbau der strategischen Verkehrsanlagen, Bahn, Autobahnen, Bundesstraßen, Lufthansa und Flugplätze usw., die Ausgaben des Kaiser-Spionageministeriums, die Ausgaben für die Anlage strategischer Reserven an Lebensmitteln und Rohstoffen und vieles mehr zu den Rüstungsausgaben gehört und im Haushaltsjahr 1956/57 insgesamt die Summe von 17 bis 18 Milliarden Mark erreicht. Aber auch diese Summe wird in den nächsten Jahren bei weitem übertroffen werden. Die Frankfurter Rundschau stellte am 8. Dezember 1955 (Nr. 285) fest: „Nach Berechnungen von Experten werden die Kosten für die Verteidigung in den nächsten vier Jahren rund 100 Mrd. DM ausmachen. Das ist etwa dieselbe Summe, die Hitler bis 1939 für militärische Zwecke ausgab."

Die direkten und indirekten Rüstungsausgaben der Bonner Regierung belaufen sich im Haushaltsjahr 1956/57 auf 60 % des ordentlichen und auf 55 % des gesamten (ordentlichen und außerordentlichen) Haushalts. Die Beunruhigung, die diese Zahlen hervorgerufen haben, soll mit dem Hinweis eingedämmt werden, daß das Finanzministerium am Beginn des neuen Haushaltsjahres über etwa 10 Milliarden Mark an Kassenüberschüssen aus den vergangenen Jahren verfügen wird. Bekanntlich sind aber nicht die Kassenbestände entscheidend für die Entwicklung, sondern das Verhältnis der tatsächlichen Produktion zu den geplanten Ausgaben. Der Ge-

---

[1]) Das Parlament, Bonn, Nr. 48 vom 30. November 1955, S. 2.

schäftsführer der Arbeitsgemeinschaft der Industrie- und Handelskammern des Landes Hessen, Dr. KRULL, erklärte auf der Jahresmitgliederversammlung der Industrie- und Handelskammer Frankfurt/M. daß „keine Wirtschaft es vermag, sich mit rüstungswirtschaftlichen Aufgaben über ein bestimmtes Maß zu belasten, ohne die laufende Versorgung einschränken zu müssen". [1])

Spätestens für das Jahr 1957, in dem die direkten und indirekten Rüstungsausgaben weiter beträchtlich erhöht werden sollen, wird daher selbst von bürgerlichen Kreisen in Westdeutschland mit einer beträchtlichen Einschränkung des privaten Verbrauchs zugunsten der Rüstung gerechnet. In Wirklichkeit bedeuten jedoch bereits die gegenwärtigen Ausgaben eine unerhörte Belastung der Bevölkerung. Im Jahre 1936, während der faschistischen Aufrüstung, wurden je Kopf der Bevölkerung 262 Mark an Staatsleistungen verbraucht. Im Rechnungsjahr 1956/57 werden es in Preisen von 1936 nahezu 350 Mark sein, d. h. um rund ein Drittel mehr als 1936, wobei der weitaus größte Teil dieser „Staatsleistungen" eben Rüstungsausgaben sind.

VI. Westdeutschland und der Weltmarkt

Der Vorstoß des deutschen Imperialismus auf dem kapitalistischen Weltmarkt

Der zweite Weltkrieg hatte den fast vollständigen Verlust der Auslandsmärkte des deutschen Imperialismus zur Folge. Der Auslandsabsatz der deutschen Industrie, der 1936 noch 11,4 % des Gesamtabsatzes betrug, war 1949 auf weit unter die Hälfte seines Anteils abgesunken. Den größten Teil der europäischen wie der überseeischen Märkte hatte der amerikanische Imperialismus an sich gerissen, aber auch der englische Imperialismus, der durch den Krieg in seinem Außenhandel schwere Einbußen erlitten hatte, hielt sich, soweit möglich, an den ehemaligen deutschen Märkten schadlos.

Die Wiedererrichtung des deutschen Imperialismus war auch von seinem Wiedererscheinen auf dem kapitalistischen Weltmarkt begleitet. 1950 war bereits das Außenhandelsvolumen der Vorkriegszeit erreicht, wobei allerdings noch ein Mißverhältnis zwischen Ein- und Ausfuhr bestand. Der „Koreaboom" gab den westdeutschen Monopolen die erwünschte Chance, verstärkt auf dem Weltmarkt vorzustoßen. Schon im Jahre 1951 übertraf die westdeutsche Ein-

[1]) Frankfurter Rundschau Nr. 285 vom 8. Dezember 1955.

fuhr das Volumen von 1936 um 16 %, die Ausfuhr sogar um 24 %. Für das aggressive Auftreten des deutschen Imperialismus im Außenhandel ist kennzeichnend, daß er im Jahre 1954/55 bereits das Volumen des Außenhandels von 1936 um mehr als 90 % überschritten hat, und daß auch der Anteil des Auslandsabsatzes am Gesamtabsatz der Industrie den Anteil von 1936 übertrifft. Im Export der kapitalistischen Länder steht er heute mit einem Anteil von fast 7 % an dritter Stelle hinter den Vereinigten Staaten und Großbritannien.

Der erfolgreiche Vorstoß des deutschen Imperialismus auf dem Weltmarkt wurde vor allem durch den hohen Ausbeutungsgrad der westdeutschen Arbeiter ermöglicht. In keinem anderen kapitalistischen Land, mit Ausnahme Italiens und Japans, erhöhte sich die durchschnittliche individuelle Arbeitsleistung des Industriearbeiters in dem gleichen Maße wie in Westdeutschland. Gleichzeitig jedoch sind die Löhne in der westdeutschen Industrie bedeutend niedriger als in denen seiner Hauptkonkurrenten England und USA, und die Differenz erweitert sich ständig. Diese Umstände ermöglichten es den westdeutschen Monopolen, relativ billiger zu produzieren und infolgedessen billiger zu exportieren als ihre Konkurrenten.

Die völlige Beherrschung des Staatsapparates durch die Monopole in Westdeutschland ermöglichte es diesen außerdem, sich beträchtlicher Staatshilfen bei der Ausfuhr zu bedienen. Die westdeutschen Exporteure erhalten eine Reihe von Steuervergünstigungen, die ihre Ausfuhr im Vergleich zu anderen Ländern verbilligen. Sie werden in die Lage versetzt, äußerst günstige Bedingungen für ihre Export-Kredite mit einer Laufzeit, die nicht selten zwölf Jahre erreicht, zu bieten. In der Form von Bürgschaften übernimmt der Staat einen beträchtlichen Teil des Risikos der Monopole bei der Ausfuhr. Die Schweizer Zeitung „Der Bund", Bern, stellte schon Mitte vorigen Jahres fest:

> „Begünstigt wurde Deutschlands Exporthandel ferner durch gewisse handelspolitische Maßnahmen, unter denen man in England namentlich außergewöhnlich langfristige Exportkredite und ihre staatliche Garantierung sowie die steuerliche Begünstigung der Exporteure nennt". [1])

Mit Hilfe der geschilderten Methoden ist es den deutschen Monopolen möglich, auf einer Reihe von Märkten und mit einer Anzahl von Waren eine klassische Dumping-Politik zu betreiben. Als Bei-

---

[1]) Der Bund, Bern, Nr. 340 vom 24. Juli 1955.

spiel seien hier nur die Volkswagen-Werke genannt. Die Volkswagen-Limousine erzielt im Export einen Erlös von rund 3500 Mark, im Inland jedoch von rund 5000 Mark. Die Kleinbusse und Transporter erzielen einen Exporterlös von rund 4000 Mark, im Inland von 5850 Mark. Ähnlich ist die Lage bei einer großen Anzahl anderer Exportgüter.

Die Ausfuhr Westdeutschlands nach den USA war 1955 ungefähr um 250 % höher als 1950, nach Argentinien um 230 % und nach Brasilien um etwa 110 %. Besonders stark stieg die Ausfuhr auch nach den britischen Einflußgebieten, zum Beispiel nach der Südafrikanischen Union um 240 %, nach Australien um 150 %. Indien führte 1955 wertmäßig mehr als das Siebenfache aus Westdeutschland ein als 1950 und Indonesien, wo der Kriegsverbrecher SCHACHT den deutschen Monopolen vor einigen Jahren die Wege geebnet hat, erhöhte seine Einfuhr aus Westdeutschland um 250 %. Rund zwei Drittel des westdeutschen Exports gehen jedoch immer noch in die Länder Westeuropas.

Die Exportexpansion des deutschen Imperialismus wurde zum Teil dadurch gefördert, daß die großen amerikanischen Monopole ihre in Westdeutschland befindlichen Unternehmen benutzten, um über sie in gewisse Märkte, besonders auch in Europa, einzudringen. Dabei wurden vor allem der AEG-Konzern benutzt, aber auch viele andere große Unternehmen, wie zum Beispiel die Opel-Werke, die General Motors unterstehen, die westdeutschen Fordwerke usw.

Trotz der mit Hilfe aggressiver Methoden erzielten Erfolge auf dem kapitalistischen Weltmarkt ist der Anteil des deutschen Imperialismus am Welthandel der kapitalistischen Länder heute, nach dem Verlust der Kapazitäten auf dem Gebiet der Deutschen Demokratischen Republik, geringer als vor dem Ausbruch der Weltwirtschaftskrise.

Die Auswirkungen des Zerfalls des einheitlichen Weltmarktes und die Rolle des West-Ost-Handels

Die Verringerung des Anteils des deutschen Imperialismus am Welthandel der kapitalistischen Länder ist auf Verlust des Gebiets der heutigen Deutschen Demokratischen Republik wie auch darauf zurückzuführen, daß er die amerikanischen Embargo-Maßnahmen noch sklavischer befolgt als selbst kleine kapitalistische Länder. Dadurch hat er sich selbst eines großen und ständig wachsenden Marktes beraubt. Er hat sich dem amerikanischen Druck gefügt und dadurch auf große Bezugsgebiete wichtiger Waren verzichtet, für die er jetzt kostbare Dollars aufbringen muß.

Der deutsche Imperialismus hat mit seinen Außenhandelsmaßnahmen selbst nicht unwesentlich zum Zerfall des einheitlichen Weltmarktes und zum Entstehen des parallelen Weltmarktes der Länder des Sozialismus beigetragen.

Im Durchschnitt der Jahre vor dem zweiten Weltkrieg wickelten sich rund 16 % Prozent des Außenhandels Deutschlands mit der Sowjetunion und den heutigen Ländern des Friedenslagers ab. Im Durchschnitt der Jahre 1952 bis 1954 betrug der Anteil des Friedenslagers an der westdeutschen Einfuhr nur 2,4 %, an der Ausfuhr sogar nur 1,7 %.

Während zum Beispiel der englische Handelsminister den englischen Exporteuren Ende 1955 empfahl, ihre Bemühungen um Osthandelsverbindungen zu verstärken, während zum Beispiel Dänemark die Wareneinfuhr aus der UdSSR ab November 1955 „liberalisiert", das heißt von jeder Kontingentierung befreit hat, erklärt der Präsident des Bundesverbandes der Industrie: „Das Kapitel Ostblockhandel müssen wir wohl oder übel als Folge der gescheiterten Genfer Konferenz für die nächsten Jahre abschreiben". [1]) Es entspricht daher durchaus den Tatsachen, wenn das Berliner Wirtschaftsblatt in Westberlin feststellt:

> „Die Bundesrepublik scheint sich immer mehr zu dem einzigen Land zu entwickeln, in dem die Behauptung aufrecht erhalten wird, daß der Handel mit der Sowjetunion und den mit ihr wirtschaftlich und politisch eng verbundenen Staaten einschließlich Kontinentalchina nur wenig Aussichten auf wirkungsvolle Ausweitung besitzt. Passierte es doch kürzlich, daß ein wirklich bedeutendes Industriewerk, das schon vor dem ersten Weltkrieg mit Rußland in Geschäftsverbindung stand, aus Bonn einen amtlichen Anruf erhielt, es möchte zwei Herren, die in Moskau wegen eines Geschäftsabschlusses weilten, wieder zurückrufen". [2])

Trotz aller Bemühungen der Bonner Behörden, den Handel mit den Ländern des Friedenslagers zu unterbinden, ist eine langsame Zunahme dieses Handels feststellbar. Alle Versuche, weitblickende Kaufleute und Industrielle, die den zunehmenden Konkurrenzdruck auf dem kapitalistischen Weltmarkt spüren und sich daher stärker

---

[1]) Tagesspiegel, Berlin, Nr. 3 108 vom 29. November 1955.

[2]) Berliner Wirtschaftsblatt Nr. 48 vom 8. Dezember 1955.

dem Osthandel zuwenden, zu diffamieren und sogar direkten Verfolgungen auszusetzen, können auf die Dauer nicht verhindern, daß der Osthandel wächst.

VII. Die Rolle und Besonderheiten des deutschen Imperialismus

Die Auswirkungen der allgemeinen Krise

Der erste Weltkrieg mit allen seinen Folgen schwächte den deutschen Imperialismus bereits bedeutend durch den Verlust seines Kolonialreiches und die Verkleinerung seines Territoriums. Mit amerikanischer und englischer Hilfe erholte er sich jedoch von seiner Niederlage und trat wieder in die Reihe der kapitalistischen Weltmächte ein, aus der er zeitweilig ausgeschieden war. Schon zwanzig Jahre nach seiner Niederlage unternahm er einen zweiten Versuch, die Weltherrschaft zu erlangen und brach einen noch blutigeren Raubkrieg vom Zaune, der ihm dank der unüberwindlichen Kraft der Sowjetunion eine vollständige Katastrophe brachte. Die allgemeine Krise des kapitalistischen Weltsystems, ihre bedeutende Vertiefung im Zusammenhang mit dem zweiten Weltkrieg, hatte den Imperialismus noch weiter geschwächt und die Welt endgültig in zwei Lager gespalten.

Diese Entwicklung fand ihren sichtbarsten Ausdruck in der Lage des deutschen Imperialismus. Die übrigen imperialistischen Mächte hatten durch die Erfolge der antiimperialistischen nationalen Befreiungsbewegungen in Europa und Asien Kolonien oder Einflußgebiete verloren. Der deutsche Imperialismus aber verlor ein Drittel seines ehemals „eigenen" Territoriums. Es entstanden schließlich zwei deutsche Staaten auf deutschem Gebiet: ein fortschrittlicher und demokratischer Staat, ein Arbeiter-und-Bauern-Staat, die Deutsche Demokratische Republik, und ein reaktionärer Staat der Monopole, die Bundesrepublik Westdeutschland. Wie im Weltmaßstabe ist auch in Deutschland der Kapitalismus nicht mehr das allein herrschende Wirtschaftssystem. Auf einem Teil Deutschlands wurde mit Erfolg begonnen, das sozialistische Wirtschaftssystem zu entwickeln, das durch seine Existenz, durch seine Überlegenheit und sein Beispiel die imperialistische Herrschaft in Westdeutschland erschüttert und untergräbt.

Die materielle Grundlage des deutschen Imperialismus ist bedeutend eingeengt. Er hat mehr als ein Viertel der früher von ihm ausgebeuteten Bevölkerung, einen großen Teil seiner Bodenschätze an Kohle, Kali, Kupfer usw. verloren. Wichtige Industriezentren, wie Mitteldeutschland, Sachsen, Ostberlin, mit riesigen Werken wurden ihm entrissen.

Die allgemeine Krise des Kapitalismus ist bekanntlich keine einseitig ökonomische Krise. Ihre Erscheinungsformen und Folgen finden auf allen Lebensgebieten und besonders auf dem politischen Gebiet ihren Ausdruck. Wir finden sie besonders ausgeprägt in der westdeutschen Politik, in der Tatsache, daß der wiedererstandene deutsche Imperialismus bewußt eine Politik der Spaltung Deutschlands betrieben hat und weiter verfolgt; in der Tatsache, daß an der Spitze des westdeutschen Staates ein Mann steht, der der Agententätigkeit überführt ist; in dem allgemeinen Korruptionssumpf, in dem Bonn zu ersticken droht. Die fortschreitende Preisgabe aller demokratischen Rechte und Freiheiten, die Übernahme immer offenerer faschistischer Methoden durch die Bonner Regierung sind ein politischer Ausdruck der allgemeinen Krise und ihrer Vertiefung. Diese Krisenerscheinungen treten gerade in der Gegenüberstellung zur Politik der Deutschen Demokratischen Republik, die auf die Wiedervereinigung Deutschlands, auf die Sicherung des Friedens und die Festigung der demokratischen Rechte des Volkes gerichtet ist, deutlich in Erscheinung.

Das Bestehen der Deutschen Demokratischen Republik hindert den deutschen Imperialismus daran, seine aggressive Politik ganz unverhüllt zu betreiben und zwingt ihn, seine Pläne und Absichten zu tarnen. Vor allem aber verhindert die Existenz der Deutschen Demokratischen Republik, deren Bevölkerung entschlossen ist, ihre Errungenschaften zu verteidigen und mit der Bildung der Nationalen Volksarmee diesen Entschluß eindeutig bekräftigt hat, die Verwirklichung der aggressiven Absichten des deutschen Imperialismus.

Zu den Auswirkungen der vertieften allgemeinen Krise des Kapitalismus auf Westdeutschland gehört auch die enorme Verschärfung des grundlegenden Widerspruches im gegenwärtigen Kapitalismus zwischen wachsenden Produktionsmöglichkeiten und schrumpfendem Markt. Diesen Widerspruch, der in den vergangenen Jahren durch die notwendige Erneuerung eines großen Teils des Produktionsapparates verdeckt war, tritt jetzt durch die relativ geringe Kaufkraft der werktätigen Massen und den verschärften Konkurrenzkampf auf dem Weltmarkt immer offener in Erscheinung. Die als Ausweg betriebene Remilitarisierung enthüllt die ganze Fäulnis und den parasitären Charakter der monopolistischen Wirtschaft in Westdeutschland.

Aus all dem geht hervor, daß der deutsche Imperialismus von den Folgen der allgemeinen Krise des Kapitalismus und ihrer Verschärfung unmittelbar am stärksten betroffen ist.

Die Abhängigkeit des deutschen vom amerikanischen Imperialismus

Auf dem ihm nach dem zweiten Weltkrieg noch verbliebenen Territorium herrscht der deutsche Imperialismus aber nicht selbständig und uneingeschränkt, sondern unter der Kontrolle und als Juniorpartner des amerikanischen Imperialismus. Seine Abhängigkeit ist dadurch bedingt, daß er nur mit der Hilfe des amerikanischen Imperialismus wieder auf die Beine gekommen ist.

Der Einfluß des amerikanischen auf den deutschen Imperialismus gründet sich auf eine Anzahl von Faktoren:

Erstens die militärische Besetzung Westdeutschlands. Mit den Pariser Verträgen hat der deutsche Imperialismus praktisch der unbegrenzten Besetzung Westdeutschlands zugestimmt. Die Verträge räumen dem amerikanischen Kommando in Westdeutschland das Recht jedes beliebigen Eingriffs in die westdeutsche Wirtschaft ein. Die Besatzer können die Produktion bestimmter Erzeugnisse verlangen oder verbieten, sie können von jedem westdeutschen Bürger beliebige Leistungen fordern; sie können Land beschlagnahmen und Streiks verbieten und schließlich sogar die westdeutsche Regierung völlig ausschalten, wenn sie es für nötig halten.

Zweitens sichern die umfangreichen Beteiligungen der amerikanischen Monopole in Westdeutschland dem amerikanischen Imperialismus einen bedeutenden Einfluß. Amerikanisches Finanzkapital ist an rund 500 westdeutschen Großunternehmen beteiligt, sei es durch unmittelbaren Aktienbesitz, durch Anleihegewährung, Kartell- oder Lizenzabkommen usw. Zu den amerikanischen Stützpunkten in der westdeutschen Wirtschaft gehören solche führenden Konzerne wie die Opel AG, die Fordwerke, der AEG-Konzern, die Telefunken GmbH, die Esso AG, die Conti-Gummi-Werke AG, die Phönix Gummi AG, die Deutsche Maizena-Werke AG und viele andere. Sie geben dem amerikanischen Finanzkapital die Möglichkeit des unmittelbaren Eingriffs in fast alle Wirtschaftszweige Westdeutschlands.

Drittens beruht der amerikanische Einfluß in Westdeutschland darauf, daß der deutsche Imperialismus nur hoffen kann, seine Expansionspläne mit Hilfe und im Rahmen der aggressiven Absichten des amerikanischen Imperialismus zu verwirklichen. Das ist auch der Grund dafür, daß die westdeutschen Monopolisten die gehorsamsten Gefolgsleute des amerikanischen Imperialismus sind, die alle seine Anordnungen wortgetreu ausführen. Sie sind deshalb auch bestrebt, alles ihnen mögliche zu tun, um eine Entspannung der internationalen Lage, die die amerikanischen Pläne hindern könnte, zu unterbinden.

Die Abhängigkeit vom amerikanischen Finanzkapital hat für den deutschen Imperialismus ernste nachteilige Folgen. Unter diesem Druck war er gezwungen, das berüchtigte Londoner Schuldenabkommen zu unterzeichnen. Auf Grund des Londoner Schuldenabkommens muß Westdeutschland bereits weit mehr als eine Milliarde Mark jährlich in der Form des Transfers von Profiten ausländischer Monopole, von Schuldtilgungen und Zinszahlungen hauptsächlich an das amerikanische Finanzkapital abführen. Das bedeutet, daß die deutschen Monopole einen Teil ihrer Profite mit den amerikanischen Monopolen teilen müssen. Es bedeutet, daß die westdeutschen Werktätigen, aus denen diese Tributleistungen an das internationale Finanzkapital herausgepreßt werden, somit einer doppelten Ausbeutung, durch das deutsche und das internationale Monopolkapital unterworfen sind.

Die durch die Vorherrschaft des amerikanischen Imperialismus eingeschränkte politische und ökonomische Selbständigkeit des deutschen Imperialismus ist eine seiner wichtigsten Besonderheiten in der zweiten Etappe der allgemeinen Krise des Kapitalismus.

Die Wirkung des Gesetzes der ungleichmäßigen Entwicklung

Trotz der im zweiten Weltkrieg erlittenen nahezu vernichtenden Niederlage war es dem deutschen Imperialismus in den vergangenen zehn Jahren möglich, eine ganze Reihe anderer imperialistischer Länder erneut sprunghaft zu überholen und sich wieder an die dritte Stelle im imperialistischen Lager zu setzen. Die Überflügelung des deutschen Imperialismus durch andere imperialistische Länder infolge des Krieges erwies sich nicht als dauerhaft. Gerade das amerikanische und englische Finanzkapital verhalfen dem deutschen Imperialismus wieder zur Macht.

Durch diese Entwicklung gerät die im Ergebnis des zweiten Weltkrieges herbeigeführte Verteilung der Einflußsphären zwischen den imperialistischen Mächten erneut in Konflikt mit dem neuen Kräfteverhältnis zwischen ihnen. Der deutsche Imperialismus schickt sich an, auch das militärische Kräfteverhältnis wieder zu seinen Gunsten zu verändern, indem er sich eine Armee schafft. Die Wiedererrichtung des Militarismus soll ihm die Voraussetzungen schaffen, den Versuch der Neuaufteilung der Welt von neuem zu wagen.

Der deutsche Imperialismus erweist sich wiederum als der aggressivste Imperialismus in Europa. Wie zahlreiche Äußerungen westdeutscher Politiker zeigen, bedroht er in erster Linie seine westlichen Nachbarn, die Niederlande, Belgien, Luxemburg, Frankreich, Italien. Gleichzeitig ist der „Drang nach Osten" im deutschen Imperialismus wieder erwacht, der sich sehnsuchtsvoll „bis zum Ural" erstreckt.

Die Ungleichmäßigkeit der Entwicklung der kapitalistischen Länder, die sprunghafte Entwicklung des aggressiven deutschen Imperialismus haben die Gefahr einer neuen Kriegskatastrophe heraufbeschworen, die bisher durch die kluge Politik der Sowjetunion und des demokratischen Lagers sowie durch die machtvollen Aktionen der Weltfriedensbewegung verhindert wurde.

Die Selbständigkeitsbestrebungen des deutschen Imperialismus

Der deutsche Imperialismus befindet sich in einer zwiespältigen Lage. Unter dem wohlwollenden Patronat des amerikanischen Imperialismus wieder zur Macht gekommen, auf vielfältige Weise von ihm abhängig und bei der Verwirklichung aller Ziele auf ihn angewiesen, hat der deutsche Imperialismus keineswegs darauf verzichtet, wieder eine selbständige Rolle zu spielen. Die erreichte Stärkung seiner ökonomischen Basis, seine sprunghaften Erfolge auf dem Weltmarkt, die ihn auf einigen Gebieten auch England überholen ließen, verstärken seine Selbständigkeitsbestrebungen.

In dieser Frage bestehen gewisse Meinungsverschiedenheiten innerhalb des westdeutschen Finanzkapitals, die in der nicht endenden Krise der Bonner Koalition einen Ausdruck finden. Die Differenzen gehen quer durch die Bonner Koalitionsparteien hindurch. Ein Teil des Finanzkapitals, der politisch von der Gruppe ADENAUER-BLÜCHER-BRENTANO repräsentiert wird, betreibt eine Politik der bedingungslosen Bindung an den amerikanischen Imperialismus. Sie wird von den Wirtschaftskreisen gestützt, die ökonomisch am engsten mit dem amerikanischen Finanzkapital verbunden sind.

Ein anderer Teil des Finanzkapitals hielt zwar eine zeitweise Bindung an die amerikanische Politik für notwendig, um die Macht des deutschen Imperialismus in vollem Umfang wiederherzustellen. Er hält jetzt jedoch die Zeit für gekommen, diese Politik abzulösen durch ein Lavieren zwischen den einzelnen Mächten, durch den Versuch, „Moskau gegen Washington auszuspielen". Für die Absichten dieser Gruppe sind vor allem die Vorstöße DEHLERs von der FDP kennzeichnend. Diese Gruppe hat aber ihre Politik bisher nicht durchsetzen können.

Schließlich gibt es Kräfte, die eine vollständige Lösung vom amerikanischen Imperialismus für zweckmäßig halten, die jedoch nur über geringen Einfluß verfügen.

Es wäre falsch, die Differenzen innerhalb des westdeutschen Monopolkapitals zu überschätzen. Es wäre aber ebenso falsch, sie zu übersehen und die Tendenzen gewisser Teile des westdeutschen Monopolkapitals, zu einer selbständigen Politik zu gelangen, zu ignorieren. „Wollte man annehmen", sagte STALIN, „Westdeutschland und Japan würden nicht versuchen, wieder auf die Beine zu kommen, das Regime der USA zu durchbrechen und auf den Weg einer selbständigen Entwicklung vorzudringen – so hieße das, an Wunder glauben". [1])

Deshalb ist es notwendig, die Entwicklung in Westdeutschland auch auf diesem Gebiet ständig gründlich zu beobachten und zu analysieren.

Die Verschärfung der imperialistischen Gegensätze

Das Wiedererstehen des deutschen Imperialismus und sein Vorstoß auf dem kapitalistischen Weltmarkt verschärft alle bestehenden inneren und äußeren Gegensätze des Imperialismus und ruft neue hervor.

Vor allem verschärft sich in Westdeutschland der Gegensatz zwischen der Arbeiterklasse und der Bourgeoisie. Die Arbeiterklasse hat begonnen, sich hartnäckiger und entschlossener gegen die wachsende Ausbeutung zur Wehr zu setzen und ihren Lebensstandard zu verteidigen. Im Jahre 1952 gingen den Unternehmern nur 443 000 Arbeitstage durch Streiks verloren, 1953 waren es 1,5 Millionen und 1954 stiegen sie weiter auf 1,6 Millionen an. Der Streik auf der Gutehoffnungshütte und der Generalstreik der Berg- und Metallarbeiter vom 22. Januar 1955, der Hamburger Werftarbeiterstreik, der Streik bei Henschel in Kassel und viele andere zeigen, daß die Kampfbereitschaft der Arbeiterklasse auch im vergangenen Jahr weiter gewachsen ist. Überwältigende Mehrheiten bei den Berg- und Hüttenarbeitern sprachen sich für den Kampf um höhere Löhne aus und erzwangen Zugeständnisse von den Monopolen. Die Betriebsrätewahlen zeigten ebenfalls die Bereitschaft der Arbeiter, fort-

---

[1]) J. W. STALIN, Ökonomische Probleme des Sozialismus in der UdSSR, Dietz Verlag, Berlin 1952, S. 35.

schrittliche Kandidaten zu unterstützen, die für ihre Interessen eintreten. Die neuerlich erfolgten Betriebsrätewahlen auf der Westfalenhütte in Dortmund und im Lastkraftwagenwerk bei Krupp bestätigten das noch besonders.

Die Betriebsrätewahl in Dortmund machte die Unternehmer gerade deshalb so nervös, weil sie beschlossen haben, zu einem neuen Angriff auf den Lebensstandard der Werktätigen anzusetzen. Im Hinblick auf die von den Werktätigen in den letzten Wochen und Monaten erkämpften Lohnerhöhungen erklärte der Wirtschaftsminister ERHARD im November:

> „Eingegriffen wird auf jeden Fall, es fragt sich nur, welches das beste Rezept ist. Es gibt keine Regierung, die eine solche Entwicklung tatenlos treiben lassen kann." [1])

Diese Äußerung bedeutet nichts anderes, als daß nach faschistischem Muster ein Lohnstop eingeführt werden soll. Der VWD Wirtschaftsspiegel kommentiert diese Äußerung folgendermaßen:

> „Der Lohn soll sich also nicht mehr im freien Spiel der Kräfte bilden... Der frei vereinbarte Lohn soll durch den staatlich beeinflußten oder gelenkten abgelöst werden, wie ja auch der Preis sehr oft nicht nur durch die freien Kräfte gebildet wird." [2])

Um die Arbeiter irrezuführen, ist die Lüge von der angeblichen Lohn-Preis-Spirale wieder aufgewärmt worden. ERHARD behauptet, daß steigende Löhne nur zu Preiserhöhungen führen würden. In seinem letzten Rundfunkinterview verhöhnte er die westdeutschen Arbeiter mit der Feststellung:

> „Der Neid ist der Komplex. Wenn die Leute sehen, daß es einem anderen noch besser geht, dann sind sie mit ihrer guten Situation eben nicht zufrieden. Die Maßlosigkeit ist die Gefahr für Deutschland." [3])

Mit diesem letzten Satz hat ERHARD zweifellos recht. Es sind nicht die Lohnforderungen der Arbeiter, sondern es ist die Maßlosigkeit der Monopole in ihrer Jagd nach Maximalprofit, die die Preise hochtreibt, es ist ihre Maßlosigkeit, die danach strebt, immer

---

[1]) VWD Wirtschaftsspiegel, Frankfurt a. M., Nr. 267 vom 15. November 1955.

[2]) Ebenda.

[3]) Bulletin des Presse- und Informationsamtes der Bundesregierung, Bonn, Nr. 14 vom 20. Januar 1956, S. 109.

größere Leistungen aus den westdeutschen Arbeitern herauszuholen und die Löhne auf dem niedrigsten Niveau zu halten oder noch zu senken.

Gegen diese Maßlosigkeit der Monopole muß die Arbeiterklasse sich mit Lohnkämpfen zur Wehr setzen, wenn sie ihren Lebensstandard verteidigen oder verbessern will. Denn der Angriff der Monopole auf die Arbeiterklasse, der sich in den vergangenen Jahren wirtschaftlich vor allem auf dem Gebiet der Verschärfung der Arbeitshetze abspielte, soll in Zukunft in erster Linie auf dem des offenen Lohnraubs geführt werden.

Die darin zum Ausdruck kommende Zuspitzung der Klassengegensätze tritt mit den immer offeneren Angriffen gegen die Gewerkschaften, mit der Verbotshetze gegen die Kommunistische Partei und der Verhaftung zahlloser fortschrittlicher Arbeitervertreter immer stärker auch auf dem politischen Gebiet in Erscheinung.

Das in Westdeutschland herrschende Finanzkapital gerät auch in einen immer schärferen Gegensatz zu allen anderen Schichten der westdeutschen Bevölkerung: zu den durch die Bonner Politik ruinierten werktätigen Bauern und zu den städtischen Mittelschichten, die ebenfalls vom Finanzkapital rücksichtslos ausgeplündert werden. So hat sich allein in den fünf Jahren 1950 bis 1954 die Zahl der Handwerksbetriebe in Westdeutschland um fast 100 000 verringert. Bei dieser Zahl handelt es sich jedoch nur um den Saldo der Löschungen und Neueintragungen in den Handwerksrollen. Die Zahl der ruinierten Handwerksbetriebe ist mit rund 200 000 für diese fünf Jahre nicht zu hoch angesetzt.

Die antinationale, landesverräterische Politik des deutschen Imperialismus, die Preisgabe aller nationalen Interessen des deutschen Volkes bringt das Adenauer-Regime als Vertreter des wiedererstandenen deutschen Imperialismus in einen unlöslichen Gegensatz zu allen ehrlichen nationalen Kräften Westdeutschlands. Und eine weitere Faschisierung des Bonner Regimes kann diesen grundlegenden Konflikt und seine Zuspitzung nur noch verschärfen.

Die äußeren imperialistischen Gegensätze, die sich in erster Linie aus dem Kampf um die Märkte ergeben, verschärfen sich ebenfalls. Bei der Neuverteilung der Märkte im Zusammenhang mit dem zweiten Weltkrieg hat sich der amerikanische Imperialismus den Löwenanteil gesichert. Auf solchen Märkten wie Lateinamerika und dem Nahen und Mittleren Osten spielt sich ein erbitterter Kampf zwischen dem deutschen und dem englischen Imperialismus um die zweite Position ab. Im Export nach Lateinamerika wurde Großbritannien bereits von Westdeutschland überflügelt. Von 8 % am

Gesamtexport nach Lateinamerika im Jahre 1950 ging der englische Anteil auf 4,6 % 1954 zurück. Der westdeutsche Anteil stieg in der gleichen Zeit von 2,8 auf 7,1 %.

Auch im Nahen und Mittleren Osten dringt der deutsche Imperialismus vor. In der Türkei hat er als Lieferant bereits wieder die erste Stelle erreicht. Sein Anteil am Export der wichtigsten Länder nach dem Nahen und Mittleren Osten ist von 1950 bis 1954 von knapp 9 auf fast 20 % gestiegen. Der englische Anteil ist in der gleichen Zeit von rund 40 auf 28 % zurückgegangen.

Auf anderen Gebieten, so zum Beispiel in der Montanunion, nehmen die Gegensätze ebenfalls zu. Der Kampf um den sogenannten „gemeinsamen Markt" entbrennt immer von neuem. Jede Frage der Montanunion, Preise, Steuern, Investitionen, Transport, ruft kleinere und größere Konflikte hervor. Ihren Zweck, die Gegensätze zwischen den Mitgliedsländern im Interesse der amerikanischen Kriegspläne zu überbrücken, kann die Montanunion nicht erfüllen.

Der deutsche Imperialismus ist seiner ganzen Natur nach ein Konflikte erzeugendes Element. Nur auf der Grundlage der Spaltung Deutschlands und der Verschärfung der internationalen Spannungen nach dem zweiten Weltkrieg konnte er wiedererstehen. Jede Entspannung der internationalen Beziehungen betrachtet er als ein Hindernis bei der Verwirklichung seiner Pläne und als eine Gefahr für seine eigene Existenz. Denn Minderung der internationalen Spannungen, das bedeutet einen Schritt zur Annäherung der beiden deutschen Staaten und schwindendes Interesse auch des amerikanischen Imperialismus an der neuen westdeutschen Wehrmacht. Der deutsche Imperialismus ist daher an der Aufrechterhaltung internationaler Spannungen interessiert, einmal weil seine Existenz selbst mit der Spaltung Deutschlands untrennbar verbunden ist und zweitens, weil er seine aggressiven Ziele niemals in einer friedlichen Welt verwirklichen könnte.

VIII. Die Perspektiven des deutschen Imperialismus und die Perspektiven Deutschlands

Die unmittelbaren Aussichten der westdeutschen Wirtschaft

Vor einem Jahr herrschte in Westdeutschland im Hinblick auf die weitere wirtschaftliche Entwicklung ein ungetrübter Optimismus vor. Man sah eine langandauernde, ungehemmte Prosperität und wirtschaftliche „Expansion" voraus. In den letzten Monaten waren zunehmend warnende Stimmen zu hören, bis schließlich selbst der

Bundestag sich mit der Konjunkturdebatte befaßte. Nachdem wir in der Vergangenheit alle möglichen Synonyme für das verständliche Wort „Krise" kennengelernt haben, wie zum Beispiel „Recession", „wirtschaftliche Anpassung" usw., ist das Vokabularium der westdeutschen Konjunkturpropheten um einen neuen Terminus bereichert worden, nämlich die „Überhitzung der Konjunktur".

Was hat sich an der Lage verändert, welche neuen Faktoren sind zutage getreten?

Wie wir sahen, beruhte der sprunghafte Anstieg der westdeutschen Industrieproduktion in den vergangenen Jahren auf drei Faktoren, den Investitionen, der erfolgreichen Außenhandelsoffensive und dem Nachholbedarf einer wachsenden Bevölkerung, die auch in wachsendem Umfang in den Produktionsprozeß einbezogen wurde. Diese drei Faktoren bestimmen im wesentlichen auch in der Zukunft die zyklische Entwicklung in Westdeutschland, man muß also die bei ihnen in Erscheinung tretenden Veränderungen betrachten.

Erstens die Investitionen: Die Erneuerung und Erweiterung des fixen Kapitals hat in den letzten Jahren in Westdeutschland ein Ausmaß angenommen, das relativ größer ist als in allen anderen kapitalistischen Ländern. Die Produktion der Abteilung I war 1955 um etwa 125 % höher als 1950, die Produktion der Verbrauchsgüterindustrien dagegen nur um etwa 50 %. Ein immer größerer Teil der Erzeugung der Verbrauchsgüterindustrien geht jedoch auch in Abteilung I auf. Gingen 1950 schätzungsweise noch etwa 30 % der Industrieproduktion in den privaten Verbrauch ein, so waren es 1955 nur noch wenig mehr als 20 %. Es ist daher vorauszusehen, daß die durch Investitionen neugeschaffenen Kapazitäten in absehbarer Zeit beginnen müssen, die Absatzmöglichkeiten zu übersteigen.

Das ist einer der Gründe dafür, daß die Bank deutscher Länder durch die Erhöhung der Diskontsätze und der Mindestreservesätze der Banken eine gewisse Kreditrestriktion herbeigeführt hat, um die Investitionen einzuschränken. Die Summe der ausgeliehenen Kredite, die 1950 nur etwa 8,7 % der volkswirtschaftlichen Umsätze betrug, erhöhte sich auf über 15 %. Während aber 1950 die mittel- und langfristigen Investitionskredite nur 35 % aller Kredite umfaßten, erhöhte sich ihr Anteil 1955 auf 57 %. Die gesamte Kreditsumme, die 1950 etwa den gleichen Stand hatte wie die Gesamtsumme der Bankeinlagen, übersteigt diese 1955 bereits um rund 35 %. Die „Überhitzung der Konjunktur", das ist also vor allem die Übersteigerung der Investitionen durch eine ungewöhnliche Kreditausweitung, der keine entsprechend wachsenden Absatzmöglichkeiten mehr gegenüberstehen.

Zweitens die Frage der Außenhandelsoffensive: In den Jahren von 1950 bis 1954 hat sich in jedem einzelnen Jahr die Ausfuhr in einem bedeutend schnelleren Verhältnis erhöht als die Produktion. Der Auslandsabsatz der Industrie stieg um 178 %, der Inlandsabsatz nur um 66 %. Die gesamte Ausfuhr stieg um fast 200 %, die Industrieproduktion nur um 81 %. Im Verlauf des Jahres 1955 ist zum erstenmal eine Umkehrung dieses Verhältnisses festzustellen. Die Produktion erhöhte sich noch um rund 16 %, die Ausfuhr aber nur noch um knapp 14 %. Hinzu kam, daß auch diese Ausfuhrsteigerung nur noch durch eine entsprechende Erhöhung der Einfuhr möglich war. Im Durchschnitt der Jahre 1952 bis 1954 betrug der jährliche Außenhandelsüberschuß, der in großem Umfang für den Kapitalexport und für Tributleistungen benutzt wird, rund 2 Milliarden. 1955 war er fast halbiert auf wenig mehr als eine Milliarde. Die Überproduktion konnte nicht mehr im gleichen Maße wie früher auf andere Länder abgewälzt werden.

Im Hinblick auf die verstärkte Konkurrenz auf dem Weltmarkt, die von der Seite Englands und der USA in diesem Jahr erst zur vollen Entfaltung kommen wird, beurteilt auch die westdeutsche Wirtschaftspresse die Aussichten des westdeutschen Außenhandels nicht übermäßig rosig. Es ist jedenfalls anzunehmen, daß die bisherige Außenhandelsexpansion auch nur annähernd in dem bisherigen Tempo fortschreitet.

Drittens die Entwicklung des privaten Verbrauchs: Die im Verhältnis zu den Investitionen und zum Außenhandel geringe Erhöhung des privaten Verbrauchs wurde aus zwei Quellen gespeist. Aus einer beträchtlichen Erhöhung der Beschäftigtenzahl, die seit 1950 um rund 28 % gestiegen ist und aus der langsamen Erhöhung der Nominaleinkommen und Unterstützungen.

Weder ist mit einem weiteren gleichen Anstieg der Beschäftigtenzahlen zu rechnen, noch mit einem weiteren Ansteigen der Nominaleinkommen. Es muß außerdem berücksichtigt werden, daß die Kreditverkäufe sich in den vergangenen Jahren bereits auf über 15 % des Einzelhandelsumsatzes erhöht haben und die Lagerbestände im Einzelhandel ebenfalls beträchtlich angestiegen sind. Auch von dieser Seite her ist also insgesamt gesehen kein neuer beträchtlicher Antriebsfaktor zu erwarten.

Die westdeutsche Wirtschaft nähert sich damit jenem Stadium, in dem die besonderen Faktoren ihre Wirkung verlieren, die durch Krieg und Kriegsfolgen zu erklären sind, und die auch die Besonderheiten des zyklischen Ablaufs in Westdeutschland bisher bestimmten. Das westdeutsche „Wirtschaftswunder" geht seinem Ende entgegen. Der Widerspruch zwischen dem gestiegenen Produktionsniveau und dem Niveau der bestehenden zahlungsfähigen Nachfrage verschärft sich und wird zu dem bestimmenden Faktor.

Der Ausweg, den die Monopolisten aus dieser Lage beschreiten, in der die Krise zu einer drohenden Gefahr wird, ist die Aufrüstung, die völlige Militarisierung der Wirtschaft, der Übergang zu rüstungsinflationistischen Maßnahmen. Dieser Weg bietet, wie wir wissen, keine Lösung der Widersprüche. Er könnte, wenn ihm nicht rechtzeitig Einhalt geboten werden würde, zu einer beschleunigten Verschlechterung der Lage der Werktätigen und schließlich zum Kriege, aber nicht zur Beseitigung des Grundwiderspruches des Kapitalismus führen.

Die Perspektiven des deutschen Imperialismus

Die Zukunft des deutschen Imperialismus wird bestimmt von dem Widerspruch der in Westdeutschland entwickelten Produktivkräfte und den verrotteten, überholten kapitalistischen Produktionsverhältnissen. Dieser Widerspruch ist in Westdeutschland heute auf die Spitze getrieben. Er führt zur äußersten Verschärfung der Klassengegensätze, aber auch zur Verschärfung aller übrigen, dem kapitalistischen System innewohnenden Widersprüche. Die gegenwärtige Scheinblüte Westdeutschlands kann nur zu einer schweren und tiefen Wirtschaftskrise führen, die durch die Abhängigkeit vom amerikanischen Imperialismus vertieft wird. Sie kann daher nur eine bedeutende Verschlechterung der Lage der Arbeiterklasse und aller Werktätigen mit sich bringen.

Der Ausweg, den die Monopole im Kriege suchen, kann dieses Schicksal nicht abwenden. Die Militarisierung der Wirtschaft vergrößert die Lasten des Volkes noch mehr und bringt alle Schichten des Volkes in einen noch stärkeren Widerspruch zu den herrschenden monopolistischen Gruppen. Ein vom deutschen Imperialismus angezettelter dritter Weltkrieg würde mit der endgültigen Ausrottung der imperialistischen Herrschaft in Westdeutschland enden.

Die Perspektive, die der deutsche Imperialismus dem Volke bietet, ist die gleiche, wie die jedes Imperialismus: Krise oder Krieg, oder sogar beides.

Damit kann und wird sich das deutsche Volk nicht abfinden. Denn von den kleinen kriegstreiberischen Gruppen in Westdeutschland abgesehen, ist die überwältigende Mehrheit unseres Volkes im Westen wie im Osten für die Erhaltung des Friedens und gegen alle neuen Kriegsabenteuer. Unser Volk in Ost und West will ein

Leben in Frieden, Freiheit und Wohlstand. Es weiß, daß die Möglichkeiten für ein solches Leben in ganz Deutschland vorhanden sind, wenn die finanzkapitalistischen Schmarotzer, die 150 Multimillionäre, einmal zum Teufel gejagt sind. Die Deutsche Demokratische Republik ist der lebende Beweis dafür. Wir haben bewiesen, daß wir ohne Monopolisten und Junker nicht nur leben, sondern besser leben können. Um wieviel besser könnte das ganze deutsche Volk in ganz Deutschland ohne sie leben.

Die Aussichtslosigkeit des deutschen Imperialismus ist auch in dem Willen der übrigen Völker, der Völker des unbezwingbaren Friedenslagers mit der Sowjetunion an der Spitze, aber auch aller anderen Völker begründet, nie wieder dem deutschen Imperialismus die Möglichkeit zu dem Versuch zu geben, seine Herrschaft anderen Ländern aufzuzwingen.

Die Beseitigung des aggressiven deutschen Imperialismus entspricht der gesetzmäßigen ökonomischen Entwicklung. Sie liegt im Interesse aller Schichten des deutschen Volkes, im nationalen Interesse Deutschlands. Sie liegt aber auch im Interesse der friedliebenden Völker der ganzen Welt, die den Kampf des deutschen Volkes gegen seine imperialistischen Verderber mit allen Kräften unterstützen.

Die Perspektiven Deutschlands

Die Perspektive des deutschen Imperialismus ist nicht die Perspektive Deutschlands. Der deutsche Imperialismus ist zum Untergang verurteilt, und deshalb wird Deutschland leben und blühen. Das kommende, vom Imperialismus befreite Deutschland wird ein einheitliches Deutschland sein. Keine Zonengrenzen werden die Entwicklung der Wirtschaft in Deutschland hemmen. Einheitlich und geschlossen wird das deutsche Volk die ganze deutsche Wirtschaft auf eine neue Höhe bringen.

Die Wirtschaft dieses einheitlichen Deutschland wird eine Friedenswirtschaft sein. Ihre Werke werden nicht mehr der Kriegsvorbereitung und den Profiten einer Handvoll Monopolisten dienen, sondern der ständigen Hebung des Wohlstandes unseres ganzen Volkes. In dieser Wirtschaft werden die Arbeiter und alle Werktätigen das entscheidende Wort sprechen, und kein ausländischer Monopolist wird sich auf Kosten des deutschen Volkes bereichern können. In diesem Deutschland wird auch Platz sein für das private Unternehmertum, das von der Geißel der Monopole befreit, seine Initiative entfalten kann.

In diesem kommenden Deutschland werden die Bauern des ganzen Landes ohne Furcht vor Junkern, Großgrundbesitzern und wucherischen Bodenspekulanten, frei von Schulden und Wucherzinsen ihren ausreichenden Acker bearbeiten und gemeinsam mit der Arbeiterklasse ein fortschrittliches, demokratisches Leben auf dem Dorf entfalten.

Das kommende Deutschland wird mit allen Völkern einen wachsenden wirtschaftlichen Austausch auf dem Boden der Gleichberechtigung und des gegenseitigen Nutzens, ohne internationale Verschuldung und ohne politische Bedingungen pflegen.

Die Garantie für das Entstehen eines solchen vom Imperialismus befreiten, einheitlichen, friedliebenden und demokratischen Deutschland ist die Existenz der Deutschen Demokratischen Republik.

Unsere Republik ist mit dem Lager des Friedens und des Sozialismus fest verbunden. Sie genießt die politische, wirtschaftliche und moralische Unterstützung einer Milliarde Menschen von der Elbe bis zum Gelben Meer. Mit dieser mächtigen Unterstützung baut die Bevölkerung unserer Republik schon heute an der glücklichen Zukunft ganz Deutschlands.

An diesem Bau teilzuhaben, ihn auch mit unseren Kräften fördern zu helfen, das ist die schönste und verantwortungsvolle Aufgabe der Wirtschaftswissenschaftler in der Deutschen Demokratischen Republik.

Rudolph Agricola

Der gegenwärtige Stand der ökonomischen Wissenschaft in Westdeutschland

(Vorträge und Schriften der Deutschen Akademie der Wissenschaften zu Berlin, Heft 59)

1956. 62 Seiten — 8° — DM 1,20

Im ersten Teil schildert der Verfasser die Verschärfung der allgemeinen Krise nach dem zweiten Weltkrieg und weist auf die Besonderheiten des staatsmonopolistischen Kapitalismus in Westdeutschland und die daraus resultierende Eigenart der bürgerlichen ökonomischen Theorien hin. Ferner zeigt er den Einfluß vor allem amerikanischer ökonomischer Theorien auf das westdeutsche bürgerliche ökonomische Denken.

Im zweiten Teil werden die hauptsächlichen Richtungen der ökonomischen Wissenschaft in Westdeutschland eingeschätzt.

Im dritten, umfangreichsten Teil behandelt der Autor einige der wichtigsten bürgerlichen ökonomischen Theorien. So werden die Ansichten von Vertretern der verschiedenen Richtungen kritisch analysiert, die sich mit den Problemen der Freiheit, der Monopole und der kapitalistischen Konkurrenz, der Ausbeutung und Verteilung, der Krisen und Wirtschaftsregulierung, der Außenhandelsexpansion und Geopolitik und des Sozialismus beschäftigen.

Die Arbeit zeigt zugleich den einzig möglichen Weg, der zur Lösung der ökonomischen Probleme in Westdeutschland führt, den Weg, den die Volksmassen in der Deutschen Demokratischen Republik beschritten haben.

Bestellungen durch eine Buchhandlung erbeten

Kolibri 360 GmbH
Ferdinand-Jühlke-Straße 7
99095 Erfurt, Deutschland
produktsicherheit@kolibri360.de